GÜNTHER DOMENIG:
DIMENSIONAL

ANNA BAAR
GERHARD MAURER

HERAUSGEGEBEN VON
EDITED BY
IZDALI SO

ANDREAS KRIŠTOF
RAFFAELA LACKNER
VIKTORIA PONTONI
INA SATTLEGGER

IN RESONANZ
IN RESONANCE
V RESONANCI

T0324334

jovis

ANNÄHERUNGS-VERSUCHE AN EINEN UNNAHBAREN

Anna Baar

Vor alle schönen Künste tritt die Architektur als die Unausweichliche, fordert nicht Bühne noch Flutlicht, Museen oder Eintrittsgelder. Ihr Werk ist ausgesetzt, für halbe Ewigkeiten Beurteilungsgegenstand zwischen Kritik und Bewunderung. Und wie muss das erst für die Bauten Günther Domenigs gelten, der, wie dir im Zuge deiner Erkundigungen manch einer versicherte, um jeden Preis auffallen wollte. Viel ist gesagt und geschrieben über seine Arbeit, die Schau- und Schattenseiten und die Geschichten dahinter. Was also noch dazutun? Braucht es weitere Stimmen im wilden Durcheinander aus Krakeelergekreisch, Lobeshymnen und launigen Zwischenrufen? Frag nicht nach dem Nutzen! Begib dich auf die Suche. Renne nicht gegen Mauern, die nicht dazu angetan sind, sich's darin gemütlich zu machen. Manches mag unnahbar scheinen, rätselhaft, bedrohlich. Du hast dich daran gestoßen, lange bevor du wusstest, dass er dahintersteckt. Da ist zum Beispiel der *Zeltwurm* am östlichen Wörltherseeufer. Gut sechzig Meter weit ragt er ins seichte Wasser, ein überlebensgroßer, verunglückter Wildwestplanwagen, wie du dir immer sagtest. Andere sagen *Schiffswerft*. Eine solche aber erkanntest du eher im Zubau des örtlichen Stadttheaters. Hast ihn erst neulich wieder vom Gastgarten des Cafés *Cho-Cho-San* aus betrachtet und einem Gast gegenüber einen *Schiffbruch* genannt, ein Glück im Unglück also, dass das schwebende Heck der mehrgeschossigen Fähre, die in vollem Karacho den schlichten Büroblock rammte, hinter den hohen Bäumen zweier Stadtparks verschwindet. Später gabst du zu, dich geirrt zu haben, es böte sich eher das Bild einer Trockendockszene, die dich zur Hoffnung verleite, man brächte die Fähre fort, sobald sie instandgesetzt sei. Ein anderer Gast widersprach: Es gehe nicht darum, daran Gefallen zu finden, sondern um *Kunstverständnis*.

Der Kunstversteher – ein Maulwurf, der auf der gemähten Wiese eigener Apperzeption allerhand Fragen aufwirft, die jede Geschmackserwägung hysterisch von sich weisen und sich an den Zeitstil schmiegen: Was offenbart ein Verständnis, das ohne Gefallen auskommt, ja darauf bedacht scheint, nur ja keinem Unbedarften einen solchen zu tun? Sachverstand, Kultiviertheit – oder ein Zeichen von Schwäche? Ein Kniefall der schönen Künste vorm Wissenschaftsrationalismus, der sie zur Ader lässt, ohne dass sie es merken, durch die Verleumdung der Schönheit? Indem sie die Sinne betöre, lenke sie, sagt der Ungeist, ab von der reinen Wahrheit, verleite zu Romantisierung, Verklärung und Irreführung. Ernüchterung im Namen des vermeintlichen Fortschritts. Coolness einer Ästhetik, die dem Frost ihrer Zeit nichts entgegensetzt, sondern ihn reproduziert und sogar kanonisiert durch die Beförderung in den Tempel der Künste.

Nun ist doch der Architekt im zweifachen Sinn des Worts Weltenschöpfer im Kleinen, Herr über Horizonte und städtische Himmelslinien, Lotse von Licht und Schatten. Wäre es naiv, sich einen so Einflussreichen als Menschenfreund zu wünschen, achtsam gegen die Sphäre, der er ein Bauwerk zufügt, als originellen Erfinder und Anwalt des Bewährten, der in der Wahl seiner Mittel Mensch und Natur gerecht wird? Und wäre ihm andererseits nicht das Handwerk zu legen, verkörperten seine Werke nicht Schönheitsideale, beseelt vom Willen, Maß, Bestimmung und Materie glaubhaft in Form zu bringen, ohne den eigenen Geist gefangen nehmen zu lassen von Moden, Ideologien, der Lust an der Sensation oder dem eigenen Ego?

Wie ist das bei Günther Domenig? Enthalte dich des Urteils, nähere dich ihm freundlich! Schau dir zum

Beispiel Filmportraits an, um dir ein Bild zu machen. Wisse, dein Bild bleibt vage: Weißes Haar, dunkle Gesichtshaut. Ein hellwaches, spaßiges Funkeln unter bleischweren Lidern. Zwischen feingliedrigen Fingern glost eine Zigarette. An einem Tischchen im Freien qualmt er und redet und tüftelt an einer Buntstiftskizze. Was dich vor allem beeindruckt? Die Erklärseligkeit, das Schelmische, Ausgefuchste in seinem Mienenspiel, die Ähnlichkeit mit dem Rebellen aus einem Hollywood-schinken. Der Name slawischen Ursprungs schmilzt so warm und mollig auf der deutschstörrischen Zunge, dass man aufpassen muss, sich nicht daran zu verschlucken – und *dom* heißt Zuhause und Heimat in der anderen Sprache seiner südlichen Herkunft. Endlos scheint seine Lust, über sich zu berichten, über die Werke auch und was er sich dabei gedacht hat. Geschichten über die Gegend seiner Kindheit und Jugend, oder das spätere Ringen mit der Bürde der Prägung. Er wolle Grenzen erfahren, anstatt nur Häuser bauen. Die dialektfreie Rede kippt manchmal ins Kärntnerische, die landestypische Mischung aus Melancholie und Härte. Er sei kein Wissenschaftler oder Kunstgeschicht-ler, lässt er den Zuschauer wissen, aber halt auch kein *Depp. Künstlerarchitekt* lautet die Selbstbezeichnung. Das Wort passt dir nicht in den Kram, der Kram ist dein Kaffee. Spricht da ein Zerrissener, der noch im Begriff ist, die Bruchstücke seines Ich vom Boden auf-zulesen und zusammenzukitten zu einem brauchbaren Selbst, oder ein Gernegroßer, bemüht, die ihm eigene Strenge durch flotte Sprüche zu mildern? Ein missver-standener Kämpfer? Ständig müsse er *raufen*, weil man es ihm verüble, nicht *anpasslerisch* zu sein, kein *Gartenzwergarchitekt*, sondern *eigenartig*. Da erinnerst du dich: Irgendwo hat er geschrieben, im übertragenen Sinn sei das Bauwerk sein Körper, sein

eigenes Fühlen und Denken. Das Ich als letztlicher *Träger*.
Du dachtest beim Wort Träger an Athleten aus Stein,
die in gebeugter Haltung die Last von Erkern, Balkonen,
Säulen und Balken tragen, ergeben in ihr Los, während
ihnen Tauben frech auf die Füße scheißen. Der Träger
als Vogelfreier. Niemand ist der Welt preisgegebener als
der Architekt, gleichsam Atlant seiner Bauten. So muss
einstecken können, findet keinen Schutz hinter den
eigenen Mauern, wie deinereiner hinter seinen Worten
und Sätzen.

Füge nichts hinzu, was seine Last vergrößert!
Würdige den Atlanten, einerlei was er umhat! Trete vor
ihn hin, ohne selbst zu erstarren in Vorhaltung oder
Huldigung! Erinnere dich daran, Glanz und Ruhm von
klein auf in Frage gestellt zu haben, aus Eifersucht
oder Zweifel gegen den dummen Kult um die Sonder-
begabten, aber letztlich Profanen, die für ihr Werk
nichts können, als bei der Arbeit zu bleiben. Und wie
dich das Rätsel um bloße Erfindungsgabe oder Gestal-
tungskraft irgendwann nur noch nervte, weil es die
Künstlerperson in so gewaltige Höhe und in die Ferne
rückte, dass sie unfassbar wurde, engelhaft, titanisch.
Und wie du die Könner und Meister oder wie man
sie nannte, nach Menschlichem abgesucht hast, und
welch diebische Freude, wenn du fündig wurdest in
Handlungen oder Gesten, die eine Schwäche verrieten,
dich bestürzten, rührten und mit den Himmelhohen
verbrüderten und versöhnten!

Und wie. Und wie. Und wie? Stelle dir jetzt vor, der
Atlant könnte sprechen! Ob er dich fragen würde,
wer dich beauftragt hätte, dich über ihn zu verbreiten,
und ob du nun interessiert seist an seiner Architektur
oder bloß einer jener verdammten *Kulturproleten*, die er
so tief verachte? Du könntest ihm erzählen, wie einer
seiner eitlen Kärntner Berufsgenossen, den du mit nicht

einmal zwanzig für eine Wochenzeitung zu interviewen
hattest, nach einer kühlen Begrüßung zum Telefon-
hörer griff, um dem Chefredakteur die Leviten zu lesen,
weil der sich erdreistet hätte, ein *Greenhorn* vorbei-
zuschicken. Vergiss nicht anzumerken, geradeso grün
zu sein, wie mit nicht einmal zwanzig, nicht baukunst-
sachverständig noch seine Person betreffend im
Geringsten bewandert, wenngleich du seinen Namen
seit gefühlt ewig im Ohr hast, der Name ist in Kärnten
immerhin weit verbreitet, in manchen Kunstdunst-
kreisen öfter genannt als sonst wo, als bezeichne er
einen, den jeder kennen müsste. Lass ihn ruhig wissen,
ihn die längste Zeit für einen Bildhauer oder Maler
gehalten zu haben, bis irgendwer seinen Namen
in Zusammenhang mit einer Musikaufführung am
Ossiacher Seeufer brachte, weshalb du ihn dir fortan
eben als Musiker dachtest. Und wie du, als man
dich auf die Kunstprobe stellte – die Auskennerei gilt
den Kärntnern als Zeichen der Distinguiertheit –
Aber natürlich kenn ich Dominik Steinhaus sagtest.
　　Du konntest schließlich nicht wissen, dass
manche der Konstruktionen, an denen du nicht vorbei-
kamst, wie hierzulande jeder daran vorbeikommen
musste, etwa *Zeltwurm* und *Schiffbruch*, seinen Ideen
entsprangen, nebenbei auch die Kulisse eines Schwanks
aus Tagen, da du Schlüsselkind mit anderen Schlüssel-
kindern nach der Schule oft abenteuerlustig durch die
Stadt strawanztest, wiewohl ihr sie auswendig kanntet.
Wer von euch hatte den Einfall, für ein Verkleidungs-
spiel die neue Boutique aufzusuchen? Nie wirst du ver-
gessen, wie die resche Geschäftsfrau im schwarzen
Lederrock vor dem Betontrümmerhaufen mit den Pro-
bierkabinen auf und ab patrouillierte. Die Einschnitte
zwischen den windschiefen Stahlbetonplatten machten
es schier unmöglich, sich an- oder auszuziehen, ohne

gesehen zu werden. Mädchenkörper im Spiegel, Möchte-
gernschaufensterpuppen, blasse, gesplitterte Nackt-
heit. Draußen verstummten die Stimmen. Als du endlich
hervorkamst, waren die Spielkomplizen längst über
alle Berge, aber die Lederrockresche baute sich vor dir
auf und zeigte auf die Kabine: *Ausziehen, gemma,
gemma!* Und wie du dich in der kalten, grellerleuchteten
Zelle vor ihr entblößen musstest bis auf die Unterhose
und sie dich musterte und ihre Hand ausstreckte,
um die sündteuren Fetzen wortlos entgegenzunehmen!
Seither möchtest du am liebsten im Boden versinken,
sobald hinter Kurzvorhängen wildfremde Stimmen
fragen, ob man dir etwas zeigen oder gar helfen könne.

Neulich hörtest du eine Bekannte sagen, Günther
Domenig habe die Verkaufsräumlichkeiten des Damen-
bekleidungsgeschäfts wie einen Bunker gestaltet,
weil sich in jenem Gebäude einst Arrestzellen befanden.
Die Idee gefiel dir: Eine Boutique als Zuchthaus für
eitle Modeopfer, die für ihr lässliches Laster teuer
bezahlen müssen. Ein *Schlitzohr* sei er gewesen, sagte
die Bekannte mit einem Augenzwinkern.

 Erstaunlich, wie viele hier das Nennen seines
Namens zu Auskünften animiert. Die meisten erzählen
dir persönliche Anekdoten, als sei die Künstlernatur
längst vor ihr Werk getreten: ein Haudegen sei er
gewesen, ein Streitbarer, Unbequemer, ein autoritärer
Proll und Liebhaber schneller Autos, außerdem
Hawelka-Sitzer, Grantler, Provokateur, Maulheld und
Kettenraucher, einer, der polemisierte und auf den
Putz hauen musste, um sich lebendig zu wissen. Einen
Provinzbürgermeister, der ihn einbremsen wollte,
die Hüttenwerksruine im Kärntner Hüttenberg für die
Landesausstellung *Grubenhunt und Ofensau* zum
spektakulären Schauraum aus- und umzugestalten,

soll der *damische Hundling*, wie ihn der Schilderer nannte, vor großer Zuhörerschaft buchstäblich zur Sau gemacht haben. In schwarzer Bergmannskluft sei der Attackierte vom Sessel aufgesprungen und wutentbrannt verduftet. Andere erzählten, Günther Domenig sei still, bescheiden und schüchtern gewesen, freundschaftlich, hilfsbereit, friedliebend und verträglich – immer mit dem Nachsatz *Solange man ihn nicht reizte.*

Wie wirst du einem gerecht, der sich selbst mit Vergnügen einen *Demonig* nannte? Lass ihn selbst zu Wort kommen! Hör dir Vorträge an und was er die Jungen lehrte! In einem der Tondokumente spricht er zu deutschen Studenten: Von Hoden ist die Rede, die den Körper tragen, Totenmasken, Vögeln, Erotik und Verneinung. Joseph Beuys wird zitiert, von der Freiheit gesprochen, von kosmischen Gesetzen, Paul Klees Gestalttheorie und dem eigenen Rückzug auf die Kindheitsalm, den dortigen Stimmungsbildern, die er für Studien nutzte, vom Finden eines Steins, den er gleich in Beziehung zu diesem und jenem setzte, von archetypischen Formen, von Bauernhäusern und Scheunen, zu Holztrümmerhäufen zerlegt und neu zusammengefügt, von Visionen und fantastischen Metamorphosen: Kühe mutieren zu Häusern.

Auch sein ureigenster Bau ist eine Art Trümmerhaufen. Vielleicht ein Haus der Häuser oder überhaupt keines, mehr ein Monument, an dem er fast dreißig Jahre plante, tüftelte, baute. Freunde haben dich zu einem Konzertbesuch in jenem Haus überredet. Schon von weitem schien dir der Bau in die Ortsübelkeit zwischen Eisenbahntrasse, Seeuferpromenade und Campingareal boshaft hineingewürfelt, ein Fremdkörper unter vielen, allerdings der bizarrste – ein blitzendes Sichtbeton-

monster, ein schlafender Transformer mit halboffenem
Visier, der sich im nächsten Moment zu erheben drohte,
ruckartig, roboterhaft, Stichwaffen auszufahren, die
die Welt noch nicht kannte –, ja die blanke Verhöhnung
der spießbürgerlichen Idylle, den Nachbarn zufleiß
errichtet, den Fremdenverkehrsgewinnlern und den
Besinnungslosen, die dort, wie Günther Domenig
in einem Interview ätzte, hirnlos joggen und Rad fahren
auf immer der kürzesten Strecke, sich gegenseitig in
verkleidete Arschlöcher schauend. Ein Stahlbetondorn
ins Auge der Feriengäste getrieben, als Rache an den
Haltern der elenden *Plastikbomber*, wie er die Caravans
nannte.

Wie groß muss ein Bauwerk sein, das Feinde
ein *Ungetüm* nennen und Freunde ein *Opus magnum*?
Es zu betreten schien dir trotz gültiger Eintrittskarte
wie ein verstohlener Einstieg in einen fremden Alptraum,
gemacht aus Ecken und Kanten, Ereiferung und Ver-
rückung. Es gelang dir nicht, dich darin einzufinden,
umzingelt von unrechten Winkeln, Spitzem, Kluften und
Neigen. Eine solche Umgebung galt dir von Kindheit
an als Gefahrenzone. Hatten besorgte Eltern nicht immer
die Kanten entschärft, die Ecken mit Decken verhängt,
damit sich die Schutzbefohlene auf keinen Fall daran
stoße? Und hatte, wer es gut mit seinen Gästen meinte,
nicht darauf bedacht zu sein, alles Hinderliche aus
ihrem Weg zu räumen, es ihnen behaglich zu machen?

In seinem Gastvortrag an einer deutschen Uni
hörtest du Günther Domenig später vom *Zerberus* beim
Steinhaus-Eingang sprechen. Er diene ihm dazu, sich
die vom Leib zu halten, die er nicht ausstehen könne –
und ihrer seien viele. Doch selbst wer am Wächter
vorbeikommt, ist lange nicht aus dem Schneider. Hier
hat ein Fallensteller ganze Arbeit geleistet: Stiegen ohne
Geländer, Brücken und schräge Stege in schwindel-

erregenden Höhen, schlüsselfertige Schroffheit. Als du in einer Pause durch das Traumraumschiff gingst, fandst du dich ausgesetzt, schutzlos und angerempelt, deiner angeborenen chronischen Unbehaustheit frisch ans Messer geliefert. Alles schien Zwischenraum, zweifelhaft, labyrinthisch, als wärst du dem Architekten ins Schädeldach gekrochen, während das eigene Denken in den Fugen verschwand, zwischen den Geschossen, die all die Gänge und Brücken miteinander verbinden. Geborgenheit? Fehlanzeige! Anstatt irgendwo zu verweilen, gingst du immer schneller, um das Ding zu bewältigen, ähnlich Klettergerüsten zur Geschicklich-keitsschulung, wie man sie auf Spielplätzen findet. Nur durch verglaste Schlitze ließ sich ab und zu ein Blick auf die Landschaft einholen, die Aussicht auf Erlösung.

Fällt der Besucher lästig, kriegt er es schmerzlich zu spüren, mag sich den Kopf blutig schlagen, wie Günther Domenigs Bruder, ausrutschen, wie seine Mutter, oder, wie der Sohn einer entfernten Bekannten, Treppen hinunterpurzeln. Munter erzählt der Bauherr in einem Filmportrait von den Steinhausunfällen, womöglich aus Lust am Drama oder aus Freude über das Scheitern der anderen an seinen eigenen Grenzen. Also doch ein Demonig, der im nächsten Moment mit Unschuldsmiene beteuert, dass er im Grunde genommen nur ein Haus bauen wollte, ein Steinhaus in Steindorf eben, in dem man in Ruhe sein oder arbeiten könne?

    Wer im Steinhaus sitzt, soll nicht mit Worten werfen. Man brauchte nicht schweres Gerät oder die Abrissbirne, um es zum Einsturz zu bringen. Blatt schlägt Stein, Wort schlägt Beton. Reiß die Wände nicht ein, auch wenn sie dir nicht behagen. Suche unbeirrt weiter und schau dich um nach dem Guten! Nimm jeden Bau als Figur, allenfalls als Tintenkleckstest, versuche, die Formen zu deuten, im Wissen, dass was du erkennst, auf dich selbst zurückgeht. Bleibe der Außenseiter, der sich erwartungslos nähert, ohne Verdacht und Vermutung.

Setz die Fotos ins Wort, die Gerhard Maurer bestimmt als der Hauptaugenzeuge. Denk über den Bildrand hinaus, stell dir vor, was ihn bewegt und umschwirrt haben mochte, indem er, was du aus der Luft greifst, aus nächster Nähe erlebte. Ob die Bauten umweht sind vom Kampfgeist ihres Erbauers oder ob inzwischen ein anderer darin haust? Was kann einem widerfahren auf solchen Expeditionen? Streifzüge malst du dir aus, wenn der Fotograf von Wintertagen erzählt, da er niemanden antraf, der keinen triftigen Grund für einen Freigang hatte, umso dankbarer für das eigene Anrecht, zwecks Berufsausübung dann und wann auszubrechen. Wie in einem Roadmovie sei er sich vorgekommen auf den langen Fahrten auf menschen-leeren Straßen, die Tage kurz und frostig. Ein stilles Vagabundieren im Entlegenen, allein mit den Apparaten und den Naturgewalten, die rings um das ihr eigenes Menschenwerk zur Aufführung brachten. Selten eine Begegnung, etwa mit einem Besitzer, dann aber manch-mal Argwohn, Machtworte, Widerstände, vereinzelt auch ein Querschuss. Einer forderte sämtliche Bildrechte, ein weiterer spreizte sich gegen Innenaufnahmen, als hüte er ein Geheimnis, das man ihm wegschauen könnte.

Dabei sind Zeit und Natur die eigentlichsten Eigner. Wuchern und Wettern halten sich nicht an Betretungs-verbote, nehmen zügellos Raum in den Verlassenschaften einstiger Kraft und Geltung. Ob Krankenhaus, Kraftwerk, Theater, Schau- oder Industriebau – urbanistische Form, zeitgleich duldend und trotzend, umgeben von Traditio-nellem. Manches steht zum Verkauf, manches wirkt wie bestellt, aber nie abgeholt. Da und dort nisten Vögel,

lassen sich Insekten und kleine Kriechtiere nieder.
Dazwischen steht der Mensch als der Hausfriedens-
brecher mit seinen Siebensachen, die im der Kunst Ge-
schuldeten irgendwie fehl am Platz, verlegt und verloren
wirken: Werkzeuge lehnen an Wänden, die nur für sich
stehen wollten, Pappbecher stehen herum, Zierrat und
Maschinen, Plakate hinter Gittern. In einem Stiegen-
haus prangt eine Fastfood-Reklame, Graffitis schmücken
grell was ursprünglich grau bleiben sollte. Der Weih-
nachtsstern aus Papier in einem dunklen Fenster, die
Lichtgirlande auf dem gläsernen Brückengeländer.
Oder der Vogelaufkleber. Vieles, was anrührt, erstaunt,
nichts, was dem Auge schmeichelt. Über Provisorien
liegt die Schwermut des in die Zukunft Gedachten,
das den Altbestand kühn überragen sollte, jetzt aber
überholt wirkt, überholter sogar als der Altbestand
selbst in seiner zeitlosen Form, die Moden überdauert.

   Die Bilder geben Zeugnis vom menschlichen
Anspruch auf Dauer, entlarven ihn als Dünkel. Dieser
Kontrast macht sie spannend. Jeder obsiegende
Grashalm in diesem Lebensdrama macht den Stahl-
beton mürber, nimmt ihm die Unwirtlichkeit, erweicht
dadurch den Betrachter und verleitet ihn, sich ganz
darauf einzulassen, wie ein Kind beim Versteckspiel
unverhofft etwas entdeckend, unschlüssig, was es sei,
und also umso lieber.

Nimm ruhig die Kinderworte. Gib nichts auf die hohlen
Phrasen, Adjektive und Ismen der Fachsimpler, Sach-
verwalter und Immerbesserwisser, die deine Blicke
lenken und dir beibringen wollen, wie du zu schauen und
wie du zu urteilen hättest in ihrem Fachchinesisch,
das alles bloß begrapscht, ohne es zu durchdringen.
   Erwehre dich jedes Eindrucks, der dich aus deiner
Spur bringt. Wo dir Eingriffe in Landschafts- und

Städtebilder gewalttätig vorkommen mögen, geschehen sie doch aus Notwehr, Manipulationen gegen das eigene Erbgut, die eingefleischte Provinz, die Günther Domenig trotz seiner Bemühungen nicht endgültig loswerden konnte. Bergzackiger Kindheitslandstrich, dumpfdörfliches Weidenidyll, dazwischen immer ein Abgrund. Da war kein Berserker am Werk, sondern ein Irregeführter, der seiner Heimat den Schein gründlich heimzahlen wollte, indem er sie unschädlich machte durch beinhartes Biegen und Brechen. Nicht nur in Entwürfen zum Steinhaus findet sich die Zerschlagung landläufiger Heimatbilder: Geborstene Bauernhäuser, gesprengte Berge und Hügel, zerschmetterte Felsgebilde und gevierteilte Kühe. Alles liegt in Scherben, Schutt und Gebröckel. Dann aber, hast du's gesehen?, werden die Übrigbleibsel aufgehoben und neu zusammengewürfelt, als wollte der reuige Hitzkopf das in Rage Demolierte wiederauferstehen lassen, aber mit seinem Stempel. Das Material bleibt dasselbe – und ungestillt der Drang, es der Welt zu zeigen, sich ihr ins Blut zu ritzen, bis ihr der Letzte ansieht, wie quälend sie einen geformt und vor allem deformiert hat.

Womöglich war Günther Domenig, was man da, wo er herkommt, als *krawutisch* bezeichnet, ein zum Gegenstoß Gereizter. Der Museumsneubau am Reichsparteitagsgelände gilt als Musterbeispiel für sein Ringen mit seiner eigenen Geschichte, geprägt von Chauvinismus, Rassismus, Judenhass, Willkür und Unterdrückung. Das Nürnberger Nazischandmal, das den Größenwahn des Tausendjährigen Reichs wie kein zweites verkörpert, wird zum Ersatzobjekt der eigenen Teufelsaustreibung. Die martialische Sprache, der sich Günther Domenig in seiner Erzählung bemächtigt, zeugt von Besessenheit und dem Wunsch nach Läuterung, um der Vergangenheit in einer Art Voodoo-Kult brutal zu Leibe zu rücken, ja, ihr am Ende gar den Todesstoß zu verpassen. Einen *Pfahl*, sagt er in einem Interview, wollte er in die Bauart des Monumentalen *schießen*, nein, *einen Speer in den Speer*. Gleiches mit Gleichem vergelten. Das Rachegelüst wird in Nürnberg auf die Spitze getrieben, die Wut entlädt sich in wahren Vernichtungsorgien: Penetration und Schlitzung mit messerscharfen Glaskeilen, das Aufschneiden und Zerreißen des trägen Protzwerkkörpers. Reckenhaft rechte Winkel werden sabotiert, die Wuchtigkeit blamiert mit Leichtigkeit und Durchsicht und schwebenden Elementen.

Er sei ein *Extremist*, hörtest du ihn sagen, jedenfalls nicht normal, sonst würde er, wie andere, normale Arbeiten machen. Der Wille zur Außenwirkung brachte Günther Domenig erkennbar in Versuchung, die reine Form in Wettstreit mit Brauchbarkeit zu bringen, der Skulptur im Zweifel partout den Vorrang zu geben. Dieser Eigensinn scheint aber nur zum Teil der Aufsässigkeit geschuldet, die manchen Außenseiter zu Hieb und Stich verleitet. Sein zentraler Antrieb bleibt die Schaffensfreude, die Lust am Experiment und heilsamen Sticheleien: Akupunktur der Materie, um Neues in Fluss zu bringen, immer am Saum des Machbaren – und manchmal beim besten Willen mit Nebenwirkungen, meist auf Kosten der Nutzer. Der Grazer Mursteg soll bedenklich geschwungen haben, weshalb er vorübergehend gesperrt und geprüft werden musste. Und beim Dach einer Mensa, hat dir jemand erzählt, habe es hereingeregnet.

Mit dieser Mensa in Graz, deren Ummantelung nachträglich verkleidet wurde, da sie zunächst nicht dichthielt, zeigte Günther Domenig, den sie auch Gigi nannten, dass er auch anders konnte, als mit Spitzen und Zacken für Furore zu sorgen. Keines seiner Werke ist so sehr Bau-Körper wie der Mehrzwecksaal der Grazer Schulschwestern. Man glaubt sich im Bauch eines Wals, unter von Haut überzogenen gigantischen Rippenbögen, fast kann man hören, wie er atmet.

Rund ist auch die Fassade der einstigen Z-Bankfiliale im Wiener Bezirk Favoriten oder das Bogenvordach des Humanic Schuhgeschäftes in der Alser Straße – Schutz vor Regen und Sonne für jeden Dahergelaufenen, insbesondere jene, die bei der Haltestelle vor dem Geschäftsportal auf die Straßenbahn warten.

Es den Wienern zu *zeigen*, wie er es gerne wollte, ist dem Grazer aus Kärnten zeitlebens nicht gelungen. Zu gut verstand man sich darauf, sich den Zugereisten vom Großstadtleib zu halten. Wenn er etwas hinstellen durfte, dann nur weitab vom Schuss, die zentralen Plätze blieben fest in der Hand des Wiener Freundeskreises. Für sie die hohen Weihen, für ihn nur das müde Lächeln. Er galt als der Provinzler, der sich, wie manche höhnten, beständig aufpudeln wollte als Gottseibeiuns der Traditionalisten, ein lästiger Erreger harmloser Ärgernisse.

In einer Rede in Darmstadt rechnet Günther Domenig mit seinen Gegnern ab, vor allem mit den Tunichtguten der Wiener Neidgesellschaft. Mörder seien die, dauernd damit beschäftigt, einander zu vernichten und den Konkurrenten eher den Tod zu wünschen als einen Erfolg zu gönnen. Die meisten anständigen Künstler Wiens brächten sich vorzeitig um.

Bei anderer Gelegenheit zieht er vor deutschen Studenten gegen Österreich vom Leder, die Hochburg frömmelnder Spießer, des heuchlerisch Traditionellen, des klebrigen Nationalismus. Womöglich sah er sich als Architektur-Thomas-Bernhard, erpicht, alle Ketten und Grenzen durch Widerrede zu sprengen, um Atem und Echo ringend gegen den Weiterverriss des von Grund auf Zerrissenen und um die Deutungshoheit. Dass *irgendeine* Frau eines seiner Gebäude *eine geplatzte Sau* nannte, habe ihm missfallen, gesteht er seinen Studenten. Andere würden Drachen, Rochen und anderes erkennen, was sie sich erfänden. Solche Assoziationen nennt er *literarisch*, seinem eigenen Hang zur Poesie entsprechend. Immerhin führte er ein lyrisches Vademekum. Viele der selbst getippten, gebundenen Arbeitspapiere, Betätigungsphilosophien und Vorlesungsunterlagen sind in Verszeilen verfasst. Das liest sich zum Beispiel so:

SICH SELBST NÄHERKOMMEN /
DEN ANDEREN / UND DEM DOMENIG /
ODER UMGEKEHRT.

Oder:

DAS WEISSE AUS DEN AUGEN ZU SAUGEN /
AUS DIESEN TYPEN / DAS IST DAS ZIEL.

Oder:

BEIM LETZTEN WORKSHOP VON MIR /
WOANDERS / HABEN ZWEI / NICHTEINMAL /
EINMAL / WEINEN KÖNNEN.

Oder:

Raum und Körper / der Raum im Raum / der Raum im Körper / der Körper im Raum / der Raum ist Körper / der Raum als Körper / der Raum als Raum ...

Dir rufen die Raumgedanken Gert Jonkes Gedicht ins Gedächtnis, in dem er sich fragt, ob Träume als

Räume des Schlafes taugten und ob sie gegebenenfalls in des Schlafes Räumen aufräumten oder schliefen.

Was der Dichter mit Günther Domenig gemein hat? Auch er ist Kärnten als sehr junger Mann entkommenen, einer ruppigen Heimat, in der es heute noch schwerfällt, Künstlern und Künstlerinnen wertschätzend zu begegnen oder ihnen gar ein würdiges Denkmal zu setzen. In Günther Domenigs Fall sticht diese Nachlässigkeit schmerzlicher ins Auge als seine kühnsten Bauten. Das Steinhaus, in Schuss gehalten als wohlfeiles Aushängeschild baukulturellen Fortschritts, touristisches Ausflugsziel und Kunstjüngerpilgerstätte erweist sich als Feigenblatt jenes Gedächtnisschwunds, an dem das Land immer schon krankte: Günther Domenigs Werke verlottern, wo sie im Weg oder im Abseits stehen, trotzen dem Kärntner Klima verlassen und verwildert, zur Unkenntlichkeit saniert oder umgebaut als Mahnmäler des Vergessens.

Kürzlich hörtest du, das Damenbekleidungsgeschäft, in dem die Schlüsselkinder einst Verkleiden spielten, stünde ausgeweidet, kein Stein mehr auf dem andern. Die Nachricht vom Verschwinden der Betonträmmerzelle, in deren Stahlbetonboden du gerne versunken wärest, ließ dich in herzlicher Wehmut an Günther Domenig denken.

Du sagtest, du fandst die Boutique zwar nicht sonderlich schön, aber irgendwie kultig. Kult ist Würdigung, die aus der Erinnerung schöpft – an Zeiten, die trotz allem irgendwie glücklich schienen. Auch andere Werke wurden von neuen Eigentümern und ambitionierten Mietern geringschätzig umgewidmet: Supermärkte, Spelunken, Poststellen und Würstelbuden lagern ihr Gerümpel zwischen geduldigen Wänden, an denen die Geschmäcker grundverschiedener Nutzer ihre Spuren hinterließen. Einstige Blickfänge wurden zu

Hindernissen, erscheinen als Planungsfehler. Ist das Kunst? Darf das weg? Das Profane wirkt inmitten des Extravaganten hässlicher als sonst wo.

Ganz anders die Natur. Sie bespielt ein Theater. So ist, was Gerhard Maurer beim alten Bergwerk fand, wo man den Kärntner Stolz vor einem Vierteljahrhundert publikumswirksam zur Schau trug und heute von *Schandfleck* redet, nur von Menschen verlassen. Der störte hier sowieso bloß. Wer hierherkommt, dringt ein, bleibt Fremdling, allenfalls geduldet: *Zutritt auf eigene Gefahr*. In den Museumsruinen des Eisenhüttenwerks leben jetzt wilde Tiere und zwischen Stahlkonstruktionen und riesigen Fensterscheiben gedeihen Bäumchen, Büsche und aromatische Kräuter – unbestellt, eigenwillig, Schattenspieler der traumhaften Lichteinfälle. Hüttenberg vegetiert? Ja, es wächst und blüht, nicht mehr auf Schaulust getrimmt und umso sehenswürdiger. Hier holt die Natur zurück, was ohnehin ihr gehörte, flicht sich wie zum Schutz um das Menschenwerk, ihre Orgien vor dem Voyeur zu verbergen.

Und ist die Wildnis nicht die einzig rechtmäßige Erbin eines einmal Erhöhten, dann wieder Fallengelassenen? Huldigung oder Hass – dazwischen gab es wenig für diesen Günther Domenig. Der wusste, woran er war, nannte Kärnten rechts, künstlerisch behindernd, einmal gar *das Auschwitz der kulturellen Hoffnung*, gab an, die Kärntner zu hassen, weil sie das Kreative gnadenlos sabotieren. Liebenswert sei nur die Landschaft.

Der Umgang mit seinem Vermächtnis macht ihn dir umso lieber. Jetzt, da er alleinsteht, jedenfalls ohne die Kenner und Schulterklopfer, die ihn schon zur Lebzeit in den Himmel hoben, um ihm posthum gurrend auf die Füße zu scheißen, willst du dich ihm nähern.

Und ist er dir nicht ähnlich, jedenfalls in manchem, oder immerhin so, wie es sich gehörte, unbeirrbar im Willen, seine Kunst durchzusetzen, die Spießer ins Mark zu treffen mit den eigenen Spießen, immer darauf bedacht, den Massengeschmack zu blamieren, das Establishment – oder wie man das nennt – und die Bedenkenträger? Eine mutwillige, immer auch das Ich entblößende Selbstinszenierung, die Chuzpe, sich der Welt bedenkenlos zuzufügen.

Was noch zu sagen bleibt? Märchenhaft ist der Rundgang durch die verlassenen Schauhallen. Scherben werden zu Prismen, brechen das Licht zu Farben, als werfe man den Blick für den einen Moment in eine fremde Welt, die uns nie gehörte. Das Leben nimmt seinen Lauf, feiert fröhliche Urständ vor der mondänen Kulisse, der die Zukunft der Technokraten versagt blieb. Sie mögen Ruinen erblicken, die noch älter aussehen als der uralte Stollen. Du erkennst darin eine grandiose Arena für das ewige Weiter.
     Und diente nicht der Ort vor kurzem als Filmkulisse für einen Heimatkrimi? Wie lautete der Titel? *Wenn du wüsstest, wie schön es hier ist.* Manche fanden das höhnisch. Dabei ist gewesenes Schön manchmal das allerschönste.

AN ATTEMPT
TO APPROACH SOMEONE
UNAPPROACHABLE

Anna Baar

translated by
Victoria Sattlegger

Of all the fine arts architecture is the most ubiquitous, requiring neither stage nor floodlight, museums nor entry fees. Its work is exposed, subjected to judgment between criticism and admiration for half an eternity. And how true this is for the buildings of Günther Domenig, who, as many assured you in the course of your explorations, wanted to stand out whatever the cost. A lot has been said and written about his work, its obverse and shadow sides and the stories behind it. So, what more is there to say? Is there any need for more voices in the wild babel of bickering squabbles, hymns of praise and fickle interjections? Don't question the purpose! Start your own quest. Don't run against walls that are not built to make you comfortable. Some things might seem unapproachable, enigmatic, threatening. You took offence by it long before you knew that it was his doing. For example, there is the *Zeltwurm* on the eastern shore of the Wörthersee. It reaches more than sixty meters out into the shallow water, a covered wild-west wagon, larger than life and out of place, as you used to tell yourself. Others call it *Schiffswerft (shipyard)*. This, however, you rather saw in the extension to the local theater. Just recently, you contemplated it, sitting in the garden of café *Cho-Cho-San,* and told another guest that it was a *shipwreck*. It is thus a blessing in disguise that the floating rear of the multilevel ferry that rammed the unpretentious office building with full speed disappears behind the high trees of two city parks. Later, you admitted your misunderstanding. It rather created the impression of a drydock that let you hope the ferry would be set free again as soon as it was fixed. Another guest disagreed: It is not about liking it but about *art appreciation.*

He who understands art—a mole that throws up a range of questions in the green pastures of his own apperception. Questions that hysterically deny every notion of taste and at the same time cling to the current, cling to the current style: What does any form of appreciation that can do without pleasure reveal, one that even denies it to any naive bystander? Expertise, sophistication—or a sign of weakness? The fine arts bowing to the scientific rationalism that bleeds them dry, without them noticing, by denying beauty? By indulging the senses, the heretic says, it deflects from the pure truth, tempting the viewer to romanticize, glorify, and be misled. Disillusionment in the name of alleged progress. Coolness of an aesthetic that does not oppose the frostbitten style of the time but repro-duces it and even canonizes it by conveying it to the temple of the arts.

Now, is the architect not, in both senses of the word, a creator of worlds in miniature? Ruler of horizons and skylines, guide of light and shadow? Would it be naive to wish for someone so influential to be a philanthropist? Mindful of the sphere he adds a building to, an original inventor and advocate for the established who does justice to humans and nature when choosing his means? And should we not put a stop to his doings if his work did not embody the ideals of beauty, inspired by the will to credibly align measure, purpose, and material without letting the mind be imprisoned by fashion, ideologies, the lust for sensation, or one's own ego?

How is that with Günther Domenig? Don't judge yet, approach him amicably! Watch film portraits, for exam-ple, to get an idea. Know that your idea remains vague: White hair, dark facial skin. A bright, playful sparkle behind leaden eyelids. A cigarette smolders between delicate fingers. On a small table outside, he smokes and talks and works on a colored sketch. What impresses you the most: The need to explain, his roguish, cunning facial expressions, the similarity to a rebel from an old Hollywood movie. The name of Slavic descent melts so comfortably warm on the bulky German tongue that one has to be careful not to choke on it—and *dom* means home in the other language of his southern heritage. His urge to tell you about himself, about his work and the thoughts behind it seems boundless. Stories about the places of his childhood and youth or how he struggled later on with the burden of what shaped him. He wanted to experience boundaries and not just build houses. While generally speaking without any dialect, his speech sometimes tipped into the Carinthian, the typical regional mix of melancholia and rigor. He is neither a scientist nor an art historian, he lets the bystander know, but he is also no *fool*. *Artist-architect* is his autonym. The word is not your cup of tea, the tea is your own problem. Are those the words of someone torn who is still busy picking up the pieces of his self off the floor and patching them together to form a passable new self, or the words of a whippersnapper, trying to temper his inherent austerity with cheeky wit? A misunderstood fighter? He constantly had to *scuffle*, he said, because they resented him for not being *conformist*, no *architect of garden gnomes* but *strange*. Then you remember: Somewhere he wrote that, in a figurative sense, the building was his body, his own feeling and thinking. The self ultimately as *carrier*. The word carrier made you think of athletes of stone, with bent backs, carrying the load of oriels, balconies, pillars, and beams, accepting their fate while pigeons brazenly shit on their feet. The carrier as an outlaw. No one is more exposed to the world than the architect, an atlas of his buildings, as it were. Someone like this must be able to take a beating, will not find protection behind his own walls like you do behind your words and sentences.

Do not add to his load! Appreciate the atlas no matter what he wears! Stand before him without ossifying in reproach or veneration! Remember how you questioned splendor and fame from an early age, out of jealousy or doubt towards the stupid cult around the gifted but ultimately mundane who can do nothing more for their work but keep working. And how annoyed you were at some point by the mystery of mere ingenuity or creative power because it placed the artist on so high a pedestal and so far away that they became intangible, angelic, titanic. And how you searched the masters and talents, or whatever they were called, for humanity. And the perverse delight you felt when you found something in their actions or their movements that disclosed a weakness, that dismayed you, moved you, and reconciled you with the ones larger than life.

And how. And how. And how? Now, imagine the atlas could talk! Would he ask you who sent you to write about him and if you were really interested in his architecture or just another one of those damned *lowbrows* he loathed so deeply? You could tell him how one of his vain Carinthian colleagues, whom you had to interview for a weekly newspaper when you were not even twenty, picked up his phone after a cold greeting to severely reprimand the editor in chief for having the audacity to send over a *greenhorn.* Don't forget to mention that you are just as green now as you were at the age of not even twenty, without any understanding of the art of construction nor of himself as a person, even though his name has been stuck in your head for ages. The name is widely known in Carinthia, after all, mentioned more often in some circles than in others, as if it was a name everyone should know. Feel free to let him know that you thought, for a long time, he was a sculptor or a painter, until someone mentioned his name in connection with a musical performance on the shore of Lake Ossiach, which is why you pictured him as a musician from then on. And how you said, being tested for your knowledge of art—to be well informed is perceived as being distinguished in Carinthia—*of course I know Dominik Steinhaus.*

After all, you couldn't have known that some of the constructions you cannot miss, as no one else in the area can miss them, such as the *Zeltwurm* and *the shipwreck,* are his. The same applies, by the way, to the setting of an anecdote from the days when you and the other latchkey kids often wandered aimlessly through the city after school looking for adventure even though you knew every inch of the place. Whose idea was it to go to the new boutique to play dress-up? You will never forget how the sassy businesswoman in the black leather skirt patrolled up and down in front of the pile of concrete rubble with the changing booths. The gaps between the reinforced concrete slabs, completely askew, made it almost impossible to dress or undress without being seen. Girls' bodies in the mirror, wannabe mannequins, pale, splintered nudity. The voices outside faded away. When you finally came out, your play-mates were long gone but the sassy woman in the black leather skirt, towering in front of you, pointed at the booth: *Take it off! Now!* And how you had to strip down to your underpants right in front of her in the cold, brightly lit cell. And how she looked you up and down and stretched out her hand to take the crazily expensive rags from you without a word. Since then, you wish the ground would open up and swallow you whole as soon as you hear an unknown voice behind the cur-tains asking you if they could show you anything else or even offering help.

Just recently you heard an acquaintance say, Günther Domenig had designed the salesroom of the women's clothing store like a bunker because there had once been detention cells in that building. You liked the idea: A boutique as a correction facility for vain fashion victims who must pay dearly for their venial vice. He was a rascal, that someone said, tongue-in-cheek.

Astonishing, how the sound of his name propels so many to give accounts. Most of them tell you personal anecdotes, as if the artist had long transcended his oeuvre: a warhorse, strident, recalcitrant, a commanding chav and lover of fast cars, also a regular at Cafe Hawelka, a grouch, a provocateur, a showoff and chain-smoker, a wrangler who sparked controversies and had to run riot to know he was alive. A provincial mayor, who wanted to restrain the *crazy son of a bitch*, as the teller of the story called him, from turning the smelter ruins in the Carinthian village of Hüttenberg into a spectacular showroom for the region-wide exhibition *Grubenhunt und Ofensau ("mining car and furnace bear")*, is said to have been dragged over the coals by him in front of everyone. The one attacked, dressed in black miner's clothes, jumped up from his chair and left in a rage. Others recall Günther Domenig as quiet, humble, and shy; amicable, helpful, peaceable, and agreeable—but they always added: *as long as you did not provoke him.*

How do you do someone justice who took pleasure in calling himself *Demonig*? Let him speak for himself! Listen to his lectures and what he taught the young! In one of the audio documents he speaks to German students: of testicles that carry the body, death masks, birds, erotica, and negation. He cites Joseph Beuys, speaks of freedom, of cosmic laws, Paul Klee's design theory and his own retreat to the mountains of his childhood, their atmosphere which he used as inspiration for his studies, of finding a rock that he promptly related to this and that, of archetypical forms, of farm houses and barns that had been reduced to piles of wooden debris only to be reconstructed, of visions and fantastic metamorphoses: Cows mutating into houses.

His most characteristic building is also a pile of rubble. Perhaps a house of houses, or none at all. More like a monument, he spent almost thirty years planning, puzzling over, and constructing it. Friends talked you into going to a concert in that building. Even from afar, the construction seemed to you as if it was maliciously thrown into this hideous space between a railway track, the lake promenade, and a camping site. A foreign body amongst many, but the most bizarre. A sparkling monster of exposed concrete, a sleeping Transformer with its visor half open, threatening to rise up at the next moment, galvanically, like a robot, and expose thrusting weapons the world had never seen before. Yes, the sheer mockery of the bourgeoise idyll, built to spite the neighbors, the tourism profiteers, and the insensible people who, as Günther Domenig said grumbling in an interview, senselessly jogged and biked about, always taking the shortest route and watching each others' dressed-up arseholes. A thorn of reinforced concrete in the flesh of the tourists, wreaking revenge on the owners of the wretched *plastic bombers,* as he called the caravans.

How big does a building have to be to be called a *monstrosity* by its enemies and an *opus magnum* by its friends? Entering it seemed to you, despite holding a valid ticket, like sneaking into another one's nightmare made of rough edges, agitation, and displacement. You couldn't manage to find your place in it, surrounded by angles that are not right, spires, rifts, and inclinations. Since childhood, you considered such an environment a danger zone. Had worried parents not always smoothed edges and covered corners with blankets to avoid at any cost that their protégé should get hurt? And wasn't it true that any well-meaning host had to make his guests comfortable, to carefully clear anything out of the way that could make them stumble?

In his guest lecture at a German university, you later heard Günther Domenig speak about the *Cerberus* at the entrance of the stone house. He was there to keep away those he could not stand—and there were many of them. But even the ones who get past the guard are far from being in the clear. He has done a good job laying out traps: staircases without railings, bridges and crooked walkways in dwindling heights, asperity ready to be explored. Walking through the surreal space-ship during the break, you felt exposed, unprotected, and jostled, abandoned in the face of your own profound, inherent homelessness. Everything seemed in between, doubtful, maze-like, as if you had crawled into the archi-tect's cranium while your own thoughts had vanished between the gaps, between the floors connecting all the hallways and bridges. Comfortable? No way! Instead of lingering somewhere, you went faster and faster to get it over with, like on those jungle gyms at playgrounds designed to train children's dexterity. Only through glass-covered slits could you catch a glimpse of the land-scape every now and again, the prospect of salvation.

Should the visitors turn out to be a nuisance, they will feel it. They could crack their head open, like Günther Domenig's brother, slip, like his mother, or tumble down some stairs, like the son of a distant acquaintance. The constructor cheerfully tells of the accidents in the stone house in a film portrait, maybe because he likes the drama, maybe out of perverse delight over others' dashing against their own boundaries. So, is he a Demonig after all, who, the next second, assures you with an innocent air that he basically just wanted to build a house, simply a stone house in Steindorf, where one could be or work in peace?

People who live in stone houses shouldn't throw words. You don't need heavy machinery or wrecking balls to bring it down. Paper beats rock, words beat concrete. Don't tear down walls even if they don't suit you. Don't waver, keep searching and look for the good! View every building as a figure, as a Rorschach test, if you like. Try to interpret the shapes, knowing that what you see says more about yourself. Remain the outsider who approaches without expectations, suspicions, and assumptions.

Put the photos into focus that Gerhard Maurer took as the main witness. Think outside the picture frames. Imagine what might have moved and surrounded him while he experienced first-hand what you can only pluck out of the air. Are the buildings haunted by the fighting spirit of their builder or is it someone else now who lives in them? What can one experience on such expeditions? You imagine people wandering when the photographer speaks of winter days where he didn't meet a single person without a valid reason for being outside, all the more thankful for his own right to break free every once in a while because of his profession. It felt like a road movie, he said. The long drives on empty roads, the days short and chilly. Silently roving about off the beaten track, alone with his cameras, the forces of nature taking over the performance from the works of human hands. Hardly any encounters, with the owners for example, but if there were: suspicion, indignation, resistance, one or another monkey wrench being thrown. One demanded all image rights, another one refused to let any pictures be taken inside, as if he guarded a secret that he was afraid could be stolen.

And yet time and nature are the real owners. Weeds and weather don't adhere to no entry signs. They rampantly take over space in the estates of former power and prestige. Hospitals, power stations, theaters, show rooms or industrial buildings—urbanistic form, at the same time enduring and defying, surrounded by the traditional. Some of it is for sale. Some of it looks like it had been ordered but never claimed. Here and there, birds are nesting, bugs and vermin are settling in. In between stands the human like an intruder with their belongings that somehow seem out of place, misplaced, lost in what is owed to art: tools leaning against walls that want to stand only for themselves, paper cups lying around, decorations and machines, posters behind grids. One set of stairs flaunts a fast-food advertisement, graffiti loudly adorns what was supposed to remain grey. The paper Christmas star in a dark window, the garland of lights on the glass bridge railing. Or the bird sticker. Many things that touch, amaze. Nothing that is pleasing to the eye. Makeshift constructions. constructions are covered by the gloom of what was meant for the future, what should stand out boldly against the old building but now seems outdated, even more outdated than the old building itself in its timeless form, outliving fashion trends.

The photos bear witness to the human claim for permanence, expose it as conceit. This contrast makes them exciting. Every prevailing blade of grass in this battle for life wears down the reinforced concrete, makes it less inhospitable, and thus softens up the viewer until he yields and goes with it, like a child unexpectedly stumbling upon something while playing hide and seek, not sure of what it is and thus all the more gladly.

Feel free to use the child's words. Do not bother with the hollow phrases, adjectives, and isms of those always talking shop, the trustees and know-it-alls that want to guide your gaze and teach you how to look and judge, in their academese that merely gropes at everything without getting through to anything.

Resist every impression that leads you off your track. Where interventions into the scenery of nature and cities might seem forceful to you, they are still an act of self-defense. Manipulations of his own genetic makeup, the provincial, engrained in his flesh, that Günther Domenig could never fully get rid of despite all his efforts. The jagged mountain ridges of his childhood, dull rural pastures, in between always an abyss. This is not the work of one gone berserk but of someone who was misled, who wants to get back at his homeland for its fake appearances, render it harmless, forcefully, by hook or by crook. Not only the drawings of the stone house smash generally accepted conceptions of home: shattered farmhouses, blown up mountains and hills, crushed rock formations, and quartered cows. Everything is smashed into pieces, rubble, and debris. But then—did you see? The remains are being picked up and thrown together anew, as if the repentant hothead wanted to let the demolished parts rise again, this time with his own mark on them. The material stays the same—and the urge to show it to the world remains unquenched as does the desire to carve himself in its blood until everyone can see under how much agony it formed and above all deformed him.

Perhaps Günther Domenig was what they call *krawutisch* where he comes from, enraged, provoked to a counterattack. The newly built museum on the old Nazi Party Rally Grounds is a perfect example of his struggle with his own history shaped by chauvinism, racism, hatred of Jews, arbitrariness, and oppression. The Nazi blemish in Nuremberg, that represents the megalomania of Nazi Germany like nothing else, becomes a surrogate project for casting out his own demons. The martial language which Günther Domenig uses in his narrative shows obsession and a wish for catharsis in order to brutally bear down on the past in a sort of Voodoo cult and, finally, even deal a death blow to it. He wanted to *drive a stake* through that monumental architecture, he said in an interview. No, *a spear into Speer*. An eye for an eye. He carried his desire for revenge to extremes in Nuremberg, the rage erupts in veritable orgies of annihilation: penetrating and slashing with razor-sharp glass wedges, cutting open and tearing apart the dull, pretentious body. Rigorously right angles are being sabotaged. The massiveness disgraced with lightness and transparency and floating elements.

He is an *extremist*, you heard him say. Not normal, in any case, otherwise he would do normal work, like others. His urge to impress obviously tempted Günther Domenig to let pure form compete with utility, to give absolute priority to the sculpture when in doubt. This stubbornness, however, seems to be only partly due to the rebellious nature that led some outsiders to put sticks and stones in his way. Creative enthusiasm remained his main incentive, his desire to experiment and for wholesome needling: acupuncture of the matter, to get new things going, always at the fringe of what's possible—and sometimes, with the best intentions, including side effects, mostly at the users' expense. The Mursteg bridge in Graz was said to be swinging dangerously, which is why it was temporarily closed to be examined. And the rain was getting in through the roof of a school canteen, someone told you.

With this canteen in Graz, that had to be recladded because its outside coating wasn't leakproof at first, Günter Domenig, whom they also called Gigi, showed that he could do more than cause a sensation with spires and spikes. None of his buildings are as corporeal as the Schulschwestern school's multipurpose hall in Graz. You are led to believe that you are in the belly of a whale, under giant costal arches covered by skin. You can almost hear it breathe.

Other round facades can be found at what used to be a bank branch in Vienna's Favoriten district or at the Humanic shoe store on Alser Strasse. They offer protection from rain and sun to everyone walking by, especially those waiting for the tram at the stop in front of the store.

To *show it* to the Viennese, as he wanted to, was something the Carinthian architect from Graz could never achieve. The big city knew all too well how to keep the foreigner away. If he was allowed to build anything, it had to be far off the beaten track. The central spaces remained in the hands of the Viennese inner circle. Fame and glory for them, weary smiles for him. He was seen as provincial, constantly wanting to frame himself as the demon of traditionalists, some scoffed, a pesky creator of minor nuisances.

During a speech in Darmstadt, Günther Domenig settled the score with his adversaries, especially the wastrels of the envious Viennese society. He called them murderers, constantly busy with destroying one another and rather wishing death upon a competitor than granting him his success. Most decent artists in Vienna would kill themselves prematurely, he said.

On another occasion, he runs Austria down in front of German students: a stronghold of sanctimonious squares, of hypocritical traditionalism, of sticky nationalism. Perhaps he saw himself as a Thomas Bernhard of architecture, eager to blast all chains and borders through contradiction, while struggling for breath and reverberation in his fight against the further destruction of the fundamentally torn and for interpretational sovereignty. That *some woman* called one of his buildings *an exploded hog* displeased him, he admitted to his students. Others would see dragons, rays, and other things, which they made up. He calls such associations *literary,* reflecting his own proclivity for poetry. After all, he kept a lyrical vade mecum. Many of the hand-typed and bound working papers, casual philosophies, and lecture documents are written in verse. This reads for example as follows:

APPROACH YOURSELF / THE OTHERS / AND DOMENIG / OR THE OTHER WAY AROUND.

Or:

TO SUCK THE WHITE OUT OF THEIR EYES / OUT OF THESE TYPES / THAT IS THE GOAL.

Or:

AT MY LAST WORKSHOP / SOMEWHERE ELSE / TWO / NOT EVEN / ONCE / COULD CRY.

Or:

Space and body / the space within the space / the space within the body / the body within the space / the space is body / the space as body / the space as space...

Those thoughts about space make you recall a poem by Gert Jonke in which he asks himself whether dreams are suitable spaces for sleeping and if they occasionally cleaned up or slept in the spaces of sleep.

What does the poet have in common with Günther Domenig? He, too, escaped Carinthia as a very young man. A rough homeland that, until this day, has difficulty appreciating artists or even memorializing them appropriately. In the case of Günther Domenig, this negligence stings harder than the thorn of his boldest buildings. The stone house, kept in shape as a welcome, inexpensive embodiment of advancement in building culture, a tourist attraction and pilgrimage site for art disciples, turns out to be a fig leaf for the amnesia this region has been suffering from all along. Günther Domenig's buildings deteriorate where they stand in the way or on the sidelines, they defy the Carinthian climate, abandoned and overgrown, refurbished beyond recognition or converted as memorials to oblivion.

Recently, you heard that the women's clothing store, where the latchkey kids once played dress-up, was gutted, not a stone was left standing. The news of the disappearance of the cell in concrete rubble, the reinforced concrete floor that you wished had swallowed you up, left you thinking of Günther Domenig with heartfelt melancholy.

You said, you didn't find the boutique very beautiful, but somehow iconic. Being iconic is a form of appreciation that draws upon memory—of times that, despite everything, seemed somehow happy. Other buildings were also disrespectfully given new purposes by new owners and ambitious renters: supermarkets, dive bars, post offices, and sausage stands store their clutter between patient walls on which the tastes of very different occupiers left their traces. Former eye-catchers became obstacles, seem to be design errors. Is this art? Can you throw it out? The mundane seems uglier amidst the extravagant than elsewhere.

Wholly different than nature. It stages a performance. What Gerhard Maurer found by the old mine, where Carinthian pride was flaunted with an eye to public appeal a quarter of a century ago and what is now called an *eyesore,* is completely abandoned by humans. They were a nuisance here anyway. Whoever comes here, intrudes, remains a stranger, tolerated at best. *Enter at your own risk.* Wild animals now live in the museum ruins of the ironworks and little trees, bushes and aromatic herbs grow between steel constructions and huge windows, untilled, strong willed, shadow players of dream-like light. Hüttenberg vegetates? Yes, it grows and blooms, not meant as a spectacle now but all the more worth seeing. Here, nature reclaims what belonged to it anyway, weaving itself around the human-made construction as if for protection, to shield its orgies from the voyeur.

And is the wilderness not the only rightful heir of someone who was once praised and later abandoned? Veneration or hatred—there was little in between for Günther Domenig. He knew where he stood, described Carinthia as right-wing, impeding art, once even as *the Auschwitz of cultural hope.* He claimed to hate the Carinthians for mercilessly sabotaging the creative. Only the landscape is loveable.

How his legacy is treated makes you like him even more. Now that he stands alone, left, in any case, by the connoisseurs and fanciers that praised him to high heavens while he lived, only to cooingly shit on his feet after he died, you want to approach him even more. And isn't he like you, in some respects anyway, or at least as is right and proper, with an unbreakable will, enforcing his art, shocking the philistines to their core with their own smugness, always eager to embarrass the taste of the masses, the establishment—or however you may call it—and the ones objecting. Willful self-dramatization, always exposing the self, the guts to impose oneself on the world without concern.

What remains to be said? The tour around the deserted exhibition halls is magical. Broken shards become prisms, breaking light into colors, as if peeking, for a moment, at a strange world that never belonged to us. Life takes its course, celebrates its comeback within this glamorous setting that was denied a future defined by technocrats. They might see in it ruins that look even older than the ancient mine itself. You, however, see an arena of eternal renewal.

And was this place not recently the film set for a sentimental crime movie? What was the title? *If you only knew how beautiful it is here.* Some perceived this as mockery. And yet, sometimes past beauty is the most beautiful.

POSKUS PRIBLIŽEVANJA NEDOSTOPNEMU

Anna Baar

prevedel Janko Trupej

Arhitektura nad vsemi drugimi umetnostmi izstopa kot neizogibna, ne zahteva ne odrov ne reflektorjev ne muzejev ali vstopnine. Njene stvaritve so izpostavljene; pol večnosti so predmet ocenjevanja – kritiškega ali občudujočega. In kako to šele velja za zgradbe Güntherja Domeniga, ki je – kot ti je med tvojim poizvedovanjem zagotovil marsikdo – želel za vsako ceno pritegniti pozornost. Veliko je že bilo povedanega in napisanega o njegovem delu, o svetlih in temnih straneh ter zgodbah iz ozadja. Kaj torej še dodati? Mar je treba še več glasov v tej divji zmedi razgrajaškega vreščanja, hvalnic in šaljivih medklicev? Ne sprašuj o koristnosti! Podaj se na raziskovanje. Ne zaletavaj se v stene, ki niso prikladne za to, da se med njimi počutimo kot doma. Marsikaj se morda zdi nedostopno, zagonetno, grozeče. Zmotilo te je že veliko preden si vedela, da on tiči za tem. Na primer *šotorski črv* na vzhodni obali Vrbskega jezera. Ta nadnaravno velik, ponesrečen voz s ponjavo z Divjega zahoda – kot si ga vedno imenovala – sega dobrih šestdeset metrov v plitko vodo. Drugi mu pravijo *ladjedelnica*. A tebi se slednje poimenovanje zdi bolj na mestu za prizidek celovškega mestnega gledališča. Pred kratkim si ga spet opazovala s terase kavarne Cho-Cho-San in nekemu gostu rekla, da je to *brodolom*, tako da je sreča v nesreči, da je lebdeča krma tega večnadstropnega trajekta, ki se je z veliko hitrostjo zaletel v preprosto upravno poslopje, izginila za visokimi drevesi dveh mestnih parkov. Pozneje pa si priznala, da si se zmotila in da prizor bolj spominja na suhi dok, zaradi česar upaš, da bodo trajekt odpeljali, takoj ko bo popravljen. Neki drugi gost je ugovarjal: ne gre za to, da nam ugaja, temveč za *razumevanje umetnosti*.

Nekdo, ki razume umetnost – krt, ki na pokošenem travniku lastne apercepcije postavlja različna vprašanja, ki histerično zavračajo vsakršen premislek o okusu in se pri tem dobrikajoče prilegajo slogu dobe: kaj razkriva razumevanje, ki shaja brez uslug, za katerega se celo zdi, da neizkušenim nikakor noče delati uslug? Strokovnost, prefinjenost – ali znak šibkosti? Poklek umetnosti pred znanstvenim racionalizmom, ki ji z obrekovanjem lepote pušča kri, ne da bi se umetnost tega zavedala? Lepota s tem, da očara čute, odvrača od čiste resnice, napeljuje k romantizaciji, idealiziranju in zavajanju – tako trdi zlobni duh. Deziluzija v imenu domnevnega napredka. Hladnost estetike, ki se na noben način ne zoperstavi mrazu svojega časa, temveč ga reproducira in celo kanonizira s tem, da ga postavi v tempelj umetnosti.

Konec koncev je arhitekt v dvojnem pomenu besede ustvarjalec sveta v malem; gospodar obzorij in mestnih silhuet, upravljavec svetlobe in sence. Si je mar naivno želeti, da bo nekdo, ki je tako vpliven, človekoljub? Da bo obziren do sfere, ki ji dodaja novo zgradbo, da bo izviren izumitelj in zagovornik preizkušenega, da bo pri izbiri svojih sredstev pravičen do človeka in narave? In mar po drugi strani ni treba narediti konec njegovemu početju, če njegove stvaritve ne utelešajo idealov lepote, oduševljenih z voljo do tega, da na verodostojen način izoblikujejo mere, namen in materijo, ne da bi pri tem lastni duh postal ujetnik mode, ideologije, želje po senzaciji ali lastnega ega?

Kako pa se tega loteva Günther Domenig? Vzdrži se sodbe, približaj se mu prijazno! Oglej si na primer filmske portrete, da bi si ustvarila sliko. Vedi, da podoba ostaja nejasna: beli lasje, porjavel obraz. Budno, zabavno iskrenje pod kot svinec težkimi vekami. Med vitkimi prsti žari cigareta. Za mizico na prostem kadi, govori in z barvnim svinčnikom dela na skici. Kaj najbolj naredi vtis nate? Njegovo veselje do razlaganja, navihanost in prekanjenost v njegovi mimiki, njegova podobnost z upornikom iz bombastičnega hollywoodskega filma.

Priimek slovanskega izvora se tako toplo in mehko
raztopi na trmastem nemško govorečem jeziku, da je
treba paziti, da se nam ne zaleti – v drugem jeziku južne
dežele, od koder Domenig izvira, *dom* namreč pomeni
tudi *domovino*. Njegova želja po pripovedovanju o sebi,
svojih delih in o tem, kar je pri tem razmišljal, se zdi
neskončna. Zgodbe o okolju, kjer je preživel otroštvo in
mladost, ali o poznejšem spopadanju z bremenom
vzgojnega ukalupljanja. Želi izkusiti meje, ne zgolj graditi
hiš. Njegovo govorjenje brez naglasa se včasih prevesi
v koroščino, zmes melanholije in trdote, značilne za
to deželo. Domenig gledalcu da vedeti, da ni znanstvenik
ali umetnostni zgodovinar, a tudi ne *bedak* – sam se
je označil za *umetnika-arhitekta*. Beseda ti ni niti malo
pogodu, a to je tvoj problem. Ali govori razdvojen človek,
ki drobce svojega jaza še vedno pobira s tal in jih lepi
v uporabno sebstvo, ali pa bahač, ki skuša lastno strogost
omiliti z duhovitimi pripombami? Nerazumljen borec?
Vseskozi se mora *boriti*, ker mu zamerijo, da ni *konfor-
mist*, da ni arhitekt, ki bi bil velik kot vrtni palček, temveč
je *svojski*. Potem pa se spomniš: nekje je zapisal, da
zgradba v prenesenem pomenu predstavlja njegovo telo,
njegova lastna čustva in misli. Jaz kot končni *nosilec*.
Ko zaslišiš besedo nosilec, pomisliš na atlete iz kamna,
ki upognjeni nosijo težo pomolov, balkonov, stebrov in
tramov, vdani v svojo usodo, medtem ko jim golobi brez-
sramno serjejo po nogah. Nosilec kot izobčenec. Nihče
ni na milost in nemilost bolj prepuščen svetu kot arhi-
tekt, atlant svojih zgradb. Tak človek mora biti sposoben
požreti marsikaj, za lastnimi zidovi ne najde zaščite, ki
jo ljudje, kot si ti, najdejo za svojimi besedami in stavki.

    Ne dodajaj ničesar, kar bi povečalo njegovo breme!
Ceni atlanta, ne glede na to, kaj nosi! Stopi predenj,
ne da bi pri tem okamenela zaradi očitkov ali adoracije!
Ne pozabi, da si že od malih nog dvomila v čast in

slavo, bodisi iz ljubosumja ali dvoma v neumen kult izjemno nadarjenih, a konec koncev vsakdanjih, ki nič ne morejo za svoje stvaritve, ampak še naprej ustvarjajo. In kako ti je ta uganka, ali gre zgolj za domiselnost ali pa za kreativnost, v nekem trenutku šla le še na živce, ker je umetniško osebnost potisnila na tako ogromno višino oziroma razdaljo, da je postala nedoumljiva, angelska, orjaška. In kako si pri strokovnjakih in mojstrih – kakorkoli se že imenujejo – iskala nekaj človeškega, in kako si se nato na vso moč razveselila, ko si našla dejanja oziroma geste, ki so izdajale kakšno slabost, te pretresle, se te dotaknile ter te pobratile in spravile s tistimi, ki se nahajajo v takšnih neznanskih višavah!

In kako. In kako. In kako? Zdaj pa si predstavljaj, da bi atlant znal govoriti! Bi te vprašal, kdo te je pooblastil, da na dolgo in široko razpravljaš o njem, in ali te dejansko zanima njegova arhitektura ali sodiš med tiste preklete kulturne primitivce, ki jih tako globoko prezira? Lahko bi mu povedala, kako je eden od njegovih nečimrnih koroških poklicnih kolegov, ki naj bi ga intervjuvala za neki tednik, ko nisi imela še niti dvajset let, po hladnem pozdravu pograbil za telefonsko slušalko, da bi glavnemu uredniku prebral levite, ker si mu je drznil poslati novinko. Ne pozabi pripomniti, da si še vedno tako zelena, kot si bila, ko nisi imela še niti dvajset let, da nisi niti najmanj podkovana v arhitekturi oziroma o njem samem, čeprav se ti zdi, da že celo večnost veš za njegovo ime – ime, ki je na Koroškem vendarle precej razširjeno in se v nekaterih umetniških krogih omenja pogosteje kot kjerkoli drugje, kakor da bi pripadalo nekomu, ki bi ga moral vsakdo poznati. Mirne vesti mu daj vedeti, da si ga zelo dolgo imela za kiparja ali slikarja, dokler nekdo ni omenil njegovega imena v zvezi z glasbenim nastopom na obali Osojskega jezera, zaradi česar si ga potlej pač imela za glasbenika. In ko so te postavili na umetniško preizkušnjo – pri Korošcih poznavalstvo namreč velja za znak odličnosti – si dejala: *Seveda poznam Dominika Steinhausa.*

Navsezadnje nisi mogla vedeti, da je marsikatera konstrukcija, ki se ji nisi mogla izogniti (kot se jim v tej deželi nihče ne more izogniti), denimo *šotorski črv* in *brodolom*, plod njegovih zamisli, tako kot, mimogrede, tudi kulisa za norčijo iz obdobja, ko si se z drugimi otroki, ki so bili prav tako kot ti prepuščeni samim sebi, željna pustolovščin po šoli pogosto potepala po mestu, ki ste ga sicer poznali do zadnjega kotička. Komu izmed vas je prišlo na misel, da bi obiskali nov butik in se tam šli igro preoblačenja? Nikoli ne boš pozabila, kako je energična trgovka v črnem usnjenem krilu patruljirala gor in dol pred betonskimi razbitinami s kabinami za pomerjanje. Zaradi zarez med poševnimi ploščami iz armiranega betona se je bilo domala nemogoče obleči ali sleči, ne da bi te pri tem kdo videl. Dekliška telesa v ogledalu, dekleta, ki bi želela biti kot izložbene lutke, drobci blede golote. Glasovi zunaj so potihnili. Ko si se naposled prikazala, so vsi sostorilci pri igri že zdavnaj izginili kot kafra, energična ženska v usnjenem krilu pa se je postavila pred teboj in pokazala na kabino: *Sleci se, dajmo, dajmo!* In pred njo si se morala v mrzli, močno osvetljeni celici sleči do spodnjic, ona pa te je pri tem motrila in nato iztegnila roko, da je brez besed vzela pregrešno drage cunje! Odtlej bi se vedno najrajši pogreznila v zemljo, brž ko te za kratkimi zavesami kakšen povsem neznan glas vpraša, ali ti lahko kaj pokaže oziroma ti celo pomaga.

Nedavno si od znanke slišala, da je Günther Domenig prodajne prostore trgovine z ženskimi oblačili zasnoval kot bunker, ker so bile v tisti stavbi nekoč priporne celice. Ta zamisel ti je bila všeč: butik kot kaznilnica za nečimrne modne žrtve, ki morajo drago plačati za svojo drobno razvado. Domenig je bil *prevejanec*, ti je dejala znanka in obenem pomežiknila.

Presenetljivo je, koliko ljudi tukaj omemba njegovega imena spodbudi k temu, da ti nekaj povejo. Večina pripoveduje osebne anekdote, kakor da bi umetnikova narava že zdavnaj postala pomembnejša od njegovih stvaritev: bil je pretepač, prepirljivec, neprijetnež, avtoritaren prostak in ljubitelj hitrih avtomobilov, ki je rad sedel na stolih Hawelka, poleg tega pa še tečnež, provokator, širokoustnež in verižni kadilec, nekdo, ki je polemiziral in si je moral dati duška, da se je počutil živega. Provincialnega župana, ki mu je želel preprečiti, da bi ruševine železarne v Hüttenbergu na Koroškem izoblikoval oziroma preoblikoval v spektakularen razstavni prostor za deželno razstavo, poimenovano *Vagonet in nasedlina*, je ta *trapasti pesjanar* (kot ga je poimenoval pripovedovalec) pred številnim občinstvom nadrl. Napadeni, ki je bil oblečen v črno rudarsko obleko, je skočil s stola in se ves besen pobral. Spet drugi pa so pripovedovali, da je bil Günther Domenig tih, skromen in sramežljiv, prijazen, ustrežljiv, miroljuben in prijeten – pri čemer so vedno pristavili: *Dokler ga nisi izzival.*

Kako si lahko pravična do nekoga, ki je samega sebe z veseljem označil za *Demoniga*? Pustiš ga do besede! Poslušaj njegova predavanja in nauke mladini! V enem od zvočnih posnetkov govori nemškim študentom: govora je o modih, ki nosijo telo, o posmrtnih maskah, kavsanju, erotiki in negaciji. Citira Josepha Beuysa, govori o svobodi, o kozmičnih zakonih, o gestaltizmu Paula Kleeja in o lastnem umiku na planino iz otroških let, o tamkajšnjih žanrskih slikah, ki jih je uporabljal za študije, o najdbi kamna, ki ga je takoj povezal s tem in onim, o arhetipskih oblikah, o kmečkih hišah in skednjih, ki so bili

razkosani v lesene razbitine in ponovno sestavljeni,
o vizijah in fantastičnih metamorfozah: krave mutirajo
v hiše.

Tudi zgradba, ki je najbolj njegova, je neke vrste kup
razbitin. Morda je hiša vseh hiš ali pa sploh ni hiša,
temveč bolj spomenik, ki ga je načrtoval, izboljševal in
gradil skoraj trideset let. Prijatelji so te prepričali, da
se udeležiš koncerta v tisti hiši. Že od daleč se ti je zdelo,
da je stavba zlonamerno vržena v krajevno grdoto med
železniško progo, sprehajališče ob jezeru in prostor za
kampiranje, le eden od mnogih tujkov, a najbizarnejši
od vseh – bleščeča pošast iz golega betona, speči Trans-
former z napol odprtim vizirjem, ki je grozil, da se bo
naslednji trenutek dvignil, sunkovito, robotsko, nato pa
raztegnil vbodno orožje, ki ga svet dotlej še ni videl.
Da, čisti posmeh filistrski idili, zgrajeni nalašč za sosede,
turistične dobičkarje in brezumneže, ki tam – kot je
Günther Domenig pikro pripomnil v nekem intervjuju –
brezmiselno tekajo in kolesarijo, in to vedno na najkraj-
ši možni razdalji, ter drug drugega ves čas gledajo v
zamaskirane anuse. Dopustnikom je v oči zabil trn iz armi-
ranega betona, s čimer se je maščeval lastnikom bednih
plastičnih bombnikov, kot je poimenoval avtodome.

Kako velika mora biti zgradba, da ji sovražniki
pravijo »monstrum«, prijatelji pa »mojstrovina«?
Vstop vanjo se ti je kljub veljavni vstopnici zdel kot skri-
ven vstop v tujo nočno moro, ustvarjeno iz grobih
robov, razburjenja in premikov. Obkrožena z napačnimi
koti, ostrinami, prepadi in poševninami se v to zgrad-
bo nisi uspela vživeti. Takšno okolje se ti je že od otro-
štva zdelo nevarno območje. Ali zaskrbljeni starši niso
vedno poskušali ublažiti robov in niso vogalov zastirali z
odejami, da se njihova varovanka nikakor ne bi mogla
zaleteti vanje? In mar ne bi nekdo, ki je želel svoje goste

lepo sprejeti, pomislil na to, da bi odstranil vse ovire,
tako da bi jim bilo udobno?

Pozneje si slišala, kako je Günther Domenig na
gostujočem predavanju na nemški univerzi govoril o
Kerberu pri vhodu v Steinhaus. Z njegovo pomočjo naj bi
se otepal tistih, ki jih ne more prenašati – in teh je veliko.
Toda tudi tisti, ki pridejo mimo trga čuvaja, še zdaleč
niso rešeni najhujšega. Nastavljalec pasti je tukaj opravil
izvrstno delo: stopnice brez ograj, mostovi in poševne
brvi na vrtoglavih višinah, gotova ostrina. Ko si se med
premorom sprehodila skozi to sanjsko vesoljsko ladjo, si
se počutila izpostavljeno, nezaščiteno in odrinjeno,
tvoje prirojeno kronično brezdomje je bilo na novo izdano.
Vse ti je delovalo kot vmesni prostor, dubiozno, labirin-
tno, kakor da bi zlezla v arhitektov lobanjski svod, medtem
ko so tvoje lastne misli izginile v fugah, med etažami, ki
povezujejo vse tiste hodnike in mostove. Varnost? Nobe-
ne! Namesto da bi se nekje zadržala, si hodila vedno
hitreje, da bi bila tej reči kos – podobno kot pri plezalu za
urjenje spretnosti, kakršno najdemo na otroških igriščih.
Le skozi zastekljene špranje je bilo mogoče občasno
ugledati pokrajino – možnost odrešitve.

Če obiskovalec nerodno pade, to utegne boleti, glavo
si lahko udari do krvi, kot brat Güntherja Domeniga; lahko
tudi zdrsne, kot njegova mati; ali pa zgrmi po stopnicah,
kot sin daljne znanke. V filmskem portretu lastnik živah-
no pripoveduje o nesrečah, ki so se pripetile v Steinhausu,
morda iz veselja do dramatiziranja ali pa iz velike rados-
ti nad tem, da so drugi doživeli neuspeh na mejah, ki jih
je on postavil samemu sebi. Je to torej res *Demonig*, ki
naslednji trenutek z nedolžnim izrazom zatrjuje, da je v
bistvu želel le zgraditi hišo, pač kamnito hišo v Steindorfu,
kjer bo lahko imel svoj mir oziroma delal?

Kdor sedi v kamniti hiši, naj ne meče besed. Ne potrebujemo težkega orodja ali rušilne krogle, da bi jo podrli. List premaga kamen, beseda premaga beton. Ne ruši sten, četudi ti niso všeč. Vztrajno nadaljuj z iskanjem in poišči dobro okoli sebe! Vsako zgradbo dojemaj kot figuro, kvečjemu kot Rorschachov test, poskušaj razlagati oblike, pri tem pa se zavedaj, da tisto, kar v njih prepoznaš, izvira iz tebe. Ostani obstranka, ki k zadevi pristopi brez pričakovanj, brez sumov in domnev.

Ubesedi fotografije, za katere se je odločil Gerhard Maurer kot glavni očividec. Razmišljaj izven okvirjev fotografije, predstavljaj si, kaj bi se ga utegnilo dotakniti in ga obletavati, ko je od blizu doživljal tisto, kar je pri tebi iz trte zvito. Ali stavbe preveva borbeni duh njihovega graditelja ali pa zdaj v njih živi nekdo drug? Kaj se človeku lahko pripeti na takšnih odpravah? Predočiš si pohode, ko ti fotograf pripoveduje o zimskih dneh, ko ni srečal nikogar, ki ne bi imel tehtnega razloga za izhod, tako da je bil še toliko bolj hvaležen za to, da je imel zaradi opravljanja svojega poklica pravico občasno zapustiti dom. Na dolgih vožnjah po cestah, na katerih ni bilo žive duše, se je počutil kot v kakšnem filmu ceste. Dnevi so bili kratki in mrzli. Tiho klatenje po odročnih lokacijah, sam z napravami in silami narave, ki vseokoli človekovih stvaritev razodevajo lastne stvaritve. Le poredkoma je prišlo do kakšnega srečanja, denimo z lastnikom, potem pa včasih sumničenje, ukazi, nasprotovanje, izjemoma tudi prekrižani načrti. Nekdo je zahteval vse pravice do fotografij, nekdo drug je nasprotoval posnetkom notranjosti, kakor da bi varoval skrivnost, ki bi mu jo bilo mogoče s pogledom vzeti.

Ob vsem tem pa sta čas in narava dejanska lastnika. Divjanje in grmenje se ne držita prepovedi vstopa, temveč nebrzdano zavzameta prostor v zapuščini nekdanje moči in veljave. Najsi bo bolnišnica, elektrarna, gledališče, razstavna ali industrijska zgradba – urbanistična oblika, hkrati sprejemajoča in kljubovalna, obdana s tradicionalnim. Marsikaj je naprodaj, marsikaj je videti kot naročeno, a nikoli prevzeto. Tu in tam gnezdijo ptice, naselijo se žuželke in mali plazilci. Vmes pa je človek nedotakljivost domovanja kršil s svojim imetjem, ki sredi tega, kar je dolgovano umetnosti, deluje nekako neumestno, zgrešeno in izgubljeno: orodje sloni na stenah, ki bi želele stati same zase, naokoli so papirnati kozarci, dekoracija in stroji, plakati za rešetkami. Na stopnišču bode v oči reklama za hitro prehrano, kričeči grafiti pa krasijo tisto, kar naj bi prvotno ostalo sivo. Papirnata božična zvezda na temnem oknu, svetleča girlanda na stekleni mostni ograji. Ali pa nalepka v obliki ptice. Marsikaj, kar se nas dotakne, osupne, toda nič, kar bi bilo prijetno očem. Nad surovimi provizoriji leži turobnost tega, kar je bilo mišljeno za prihodnost, kar naj bi drzno preseglo stare zgradbe, a zdaj deluje zastarelo, celo bolj zastarelo kot same stare zgradbe v njihovi brezčasni obliki, ki preživi vse modne sloge.

Te podobe pričajo o človeški težnji po trajnosti in jo razkrinkajo kot domišljavost. Zaradi tega kontrasta so vznemirljive. Vsaka zmagovita travna bilka v tej drami življenja naredi armirani beton bolj krhek, mu odvzame negostoljubnost, s čimer omehča opazovalca in ga napelje k temu, da se popolnoma poglobi v vse skupaj, kot otrok, ki pri igranju skrivalnic nepričakovano nekaj odkrije, a ne ve, kaj, zato pa mu je še toliko bolj všeč.

Mirno uporabi otroške besede. Naj te ne zanimajo prazne fraze, pridevniki in »izmi« tistih, ki govorijo le o svoji stroki, zastopnikov in tistih, ki vedno vedo vse najbolje, tistih, ki hočejo usmeriti tvoj pogled in te naučiti,

kako moraš gledati in presojati v njihovi strokovni latov-
ščini, ki se vsega le dotakne, vendar nikamor ne prodre.

Ubrani se slehernega vtisa, ki te spelje s sledi. Kjer
se ti posegi v krajinsko in mestno podobo morda zdijo
nasilni, so bili vendarle izvedeni v samoobrambi, verjetno
kot povračilni udarci lastni dediščini, globoko zakoreni-
njeni provinci, ki se je Günther Domenig kljub vsem priza-
devanjem ni mogel povsem otresti. Z gorami nazobčano
področje iz otroštva, topa vaška pašniška idila, vmes
pa vedno brezno. Tukaj ni bil na delu norec, temveč
zaveden človek, ki se je želel svoji domovini za pretvarja-
nje temeljito maščevati tako, da jo je s kot kamen
trdim upogibanjem in lomljenjem naredil neškodljivo.
Osnutki za Steinhaus niso edini, kjer je najti razbitje
običajnih podob domovine: razbite kmečke hiše, razstre-
ljene gore in hribi, raztreščene skalne formacije in
razčetverjene krave. Vse je razdejano, porušeno, razpa-
dajoče. Ampak ali si videla? Ostanki so bili pobrani in
spet zmetani skupaj, kakor da bi skesani vročekrvnež
hotel obuditi, kar je bilo v besu razdejano, a temu vtisniti
svoj pečat. Material ostaja isti – in nepotešena ostaja
tudi sla po tem, da bi jo posvetil svetu, se vpraskal v
njegovo kri, dokler vsi ne bodo uvideli, kako mučno ga je
svet izoblikoval in ga predvsem deformiral.

Morda je bil Günther Domenig to, čemur tam, od koder
izvira, pravijo *togotnež*, nekdo, ki je izzvan k protiudarcu.
Nova muzejska zgradba na kongresnem prostoru
nacionalsocialistične stranke velja za odličen primer
njegovega spopadanja z lastno zgodovino, ki so jo
zaznamovali šovinizem, rasizem, antisemitizem, samo-
volja in zatiranje. Nacistični sramotni madež v Nürnbergu,
ki bolj kot katerikoli drug poooseblja megalomanijo
tisočletnega rajha, postane nadomestni objekt za lastno
izganjanje hudiča. Bojevit jezik, ki ga v svoji pripovedi

prevzame Günther Domenig, priča o obsedenosti in
želji po očiščenju, po tem, da bi se kot v nekem *voodoo*
kultu brutalno spopadel s preteklostjo, ji na koncu
celo zadal smrtni udarec. V nekem intervjuju je izjavil, da
je želel v monumentalno konstrukcijo zabiti *kol*, da je
želel s sulico preluknjati arhitekta Speera. Vrniti milo za
drago. Želja po maščevanju se v Nürnbergu zaostri do
skrajnosti, jeza izbruhne v pravih orgijah uničenja: prodi-
ranje in razparanje s kot nož ostrimi steklenimi klini,
razrezanje in raztrganje indolentne bahaške konstrukcije.
Zanesljivi pravi koti so sabotirani, mogočnost je blamirana
z lahkotnostjo in preglednostjo ter lebdečimi elementi.

Slišala si ga reči, da je *ekstremist* oziroma da vsekakor
ni normalen, sicer bi ustvarjal normalne stvaritve kot
drugi. Volja do tega, da napravi vtis, je Güntherja Dome-
niga očitno privedla v skušnjavo, da pri njegovih stva-
ritvah čista forma tekmuje z uporabnostjo, v primeru
dvoma pa ima na vsak način prednost skulptura. Vendar
se zdi, da je ta svojeglavost le deloma posledica upor-
nosti, ki marsikaterega obstranca napelje k udarcu oziro-
ma vbodu. Njegova glavna motivacija ostaja veselje do
ustvarjanja, želja po eksperimentiranju in zdravilnem
zbadanju: akupunktura materije, da se začne premikati
nekaj novega, nekaj, kar je vedno na robu izvedljivega
– in včasih pri najboljši volji s stranskimi učinki, večinoma
na račun uporabnikov. Brv Mursteg v Gradcu naj bi
zaskrbljujoče nihala, zato so jo morali začasno zapreti in
pregledati. In nekoč ti je nekdo rekel, da je streha neke
menze puščala.
Günther Domenig, ki so ga imenovali tudi Gigi, je
s to menzo v Gradcu – katere lupina sprva ni bila nepre-
pustna, zato so jo pozneje prevlekli – dokazal, da zna
tudi kaj drugega kot z ostmi in konicami poskrbeti za
senzacijo. Za nobeno od njegovih stvaritev poimenova-

nje gradbeno telo ni tako na mestu kot za večnamensko dvorano graških šolskih sester. V njej se počutimo kot v kitovem trebuhu, pod velikanskimi, s kožo pokritimi rebrnimi loki, in skoraj lahko slišimo, kako diha.

Okrogla sta tudi fasada nekdanje poslovalnice Zentralsparkasse v dunajskem okrožju Favoriten ali obokan nadstrešek trgovine s čevlji Humanic na ulici Alser Straße – zaščita pred dežjem in soncem za vse pritepence, še posebej za tiste, ki na postajališču pred portalom trgovine čakajo na tramvaj.

Gradčanu s Koroške za časa življenja nikdar ni uspelo, da bi Dunajčanom *zares pokazal*, kot si je želel. Prišleke so znali predobro držati proč od velemesta. Če je smel karkoli zgraditi, potem zgolj na odročnih lokacijah, medtem ko so središčne lokacije ostale trdno v rokah dunajskega kroga prijateljev. Zanje posvečenost, zanj pa le utrujen nasmešek. Veljal je za provincialca, ki si je – kot so se nekateri posmehovali – nenehno prizadeval dvigniti svojo moralo s tem, da se je do tradicionalistov vedel kot zlodej in nadležno povzročal neškodljive sitnosti.

Günther Domenig je v govoru v Darmstadtu obračunal s svojimi nasprotniki, zlasti s pridaniči dunajske zavistne družbe. Označil jih je za morilce, ki so venomer zaposleni z uničevanjem drug drugega in bi svojim tekmecem prej želeli smrt kot pa uspeh. Večina spodobnih umetnikov na Dunaju pa je prezgodaj umrla od lastne roke.

Ob neki drugi priložnosti je pred nemškimi študenti zmerjal Avstrijo, trdnjavo pobožnjakarskih filistrov, hinavskega tradicionalizma, vsiljivega nacionalizma. Morda je samega sebe videl kot nekakšnega arhitekturnega Thomasa Bernharda, ki želi z ugovarjanjem pretrgati vse verige in preseči vse meje, ki v boju proti nadaljnjemu trganju tega, kar je že v svojem temelju raztrgano, lovi sapo in odmev, in ki se bori za prerogativo interpretacije. Svojim študentom prizna, da mu ni bilo všeč, ko je *neka* ženska eno izmed njegovih zgradb označila za *počeno svinjo*. Drugi bi prepoznali zmaje, skate in drugo, kar so si pač izmislili. Takšne asociacije označi za *literarne*, kar ustreza njegovi lastni nagnjenosti k poeziji. Konec koncev je imel lirični vademekum. Veliko njegovih z roko natipkanih, vezanih delovnih papirjev, operativnih filozofij in dokumentov za predavanja je napisanih v verzih. To se na primer bere takole:

PRIBLIŽATI SE SEBI / DRUGIM /
IN DOMENIGU / ALI OBRATNO.

ali:

IZSESATI BELOČNICO IZ OČES /
IZ TEH TIPOV / TO JE CILJ.

ali:

NA MOJI ZADNJI DELAVNICI /
NEKJE DRUGJE / DVA / NISTA / NITI ENKRAT
SAMKRAT / MOGLA JOKATI.

ali:

prostor in telo / prostor v prostoru / prostor v telesu / telo v prostoru / prostor je telo / prostor kot telo / prostor kot prostor …

Te prostorske misli ti v spomin prikličejo pesem Gerta Jonkeja, v kateri se sprašuje, ali so sanje primerne kot sobe spanja in ali se po potrebi v spalnih sobah pospravlja oziroma spi.

Kaj ima ta pesnik skupnega z Güntherjem Domenigom? Tudi on je v rani mladosti pobegnil s Koroške, iz surove domovine, ki še danes težko izraža spoštovanje

do umetnikov in umetnic ali jim celo postavi spomenik,
ki bi jih bil vreden. V primeru Güntherja Domeniga ta
nemarnost zbode v oči še bolj boleče kot njegove najbolj
drzne zgradbe. Steinhaus, ki se ga ohranja v dobrem
stanju kot poceni paradnega konja napredka gradbene
kulture, turistično izletniško destinacijo in romarski
kraj za privržence umetnosti, se izkaže za figov list tiste
amnezije, za katero je ta dežela že od nekdaj bolehala:
tiste stvaritve Güntherja Domeniga, ki so napoti ali
ob strani, propadajo, zapuščene in zaraščene kljubujejo
koroškemu podnebju, so sanirane do neprepoznav-
nosti ali adaptirane v spominska obeležja pozabe.

Nedavno si slišala, da je bila trgovina z ženskimi
oblačili, v kateri ste se otroci, ki ste bili prepuščeni
samim sebi, igrali preoblačenje, zradirana, da ni ostal
niti kamen na kamnu. Novica o izginotju celice iz
betonskih razbitin, v kateri bi se bila najraje pogreznila
v tla iz armiranega betona, te je s srčno otožnostjo
spomnila na Güntherja Domeniga.

Rekla si, da se ti butik sicer ni zdel prav posebej
lep, vendar je bil nekako kulten. Kult pomeni spoštovanje,
ki črpa iz spomina – na čase, ki so se kljub vsemu zdeli
nekako srečni. Tudi drugim Domenigovim stvaritvam so
novi lastniki in ambiciozni najemniki podcenjevalno
spremenili namembnost: supermarketi, beznice, pošte
in stojnice za prodajo klobas svojo kramo hranijo med
potrpežljivimi stenami, na katerih so okusi povsem
različnih uporabnikov pustili svoj pečat. Kar je bilo nekdaj
paša za oči, je postalo ovira, zdi se kot napaka pri
načrtovanju. Je to umetnost? Se to lahko odstrani? Vsak-
danje sredi ekstravagantnega deluje grše kot kjerkoli
drugje.

Narava pa je popolnoma drugačna. Ona nastopa v
gledališču. Tisto, kar je Gerhard Maurer našel pri starem
rudniku – in je bilo pred četrt stoletja javnosti uspešno

razkazovano kot koroški ponos, danes pa je govora o *sramoti* – je torej zgolj zapuščeno od ljudi. Tukaj je tako ali tako le motilo. Vsakdo, ki pride sem, vdre, ostaja tujec, v najboljšem primeru se ga tolerira: *vstop na lastno odgovornost.* V muzejskih ruševinah železarne zdaj živijo divje živali, med jeklenimi konstrukcijami in ogromnimi okenskimi stekli pa uspevajo drevesca, grmovje in aromatična zelišča – nepoklicano, samovoljno, senčni igralci sanjskega vpada svetlobe. Ali Hüttenberg vegetira? Da, raste in cveti, ni več urejen za radovedneže in zato je še toliko bolj vreden ogleda. Tukaj si narava ponovno jemlje tisto, kar ji je tako ali tako pripadalo, in se kot zaščita plete okoli tega, kar je ustvaril človek, svoje orgije skriva pred voajerjem.

In mar ni divjina edina zakonita dedinja nekoga, ki je bil nekoč v višavah, nato pa je padel? Adoracija ali sovraštvo – pri Güntherju Domenigu je bilo med enim in drugim bolj malo prostora. Vedel je, pri čem je, avstrijsko Koroško je označil za desno usmerjeno, za umetniško prizadeto, nekoč celo za *Auschwitz kulturnega upanja,* izjavil je, da sovraži Korošce, češ da neusmiljeno sabotirajo ustvarjalnost. Prijetna je samo pokrajina.

Zaradi ravnanja z njegovo zapuščino ti je še toliko bolj prirasel k srcu. Hočeš se mu približati zdaj, ko je samoten, v vsakem primeru brez poznavalcev in trepljalcev po rami, ki so ga še za časa življenja kovali v zveze, po smrti pa so se mu gruleče posrali na noge. In mar ti ni podoben, vsaj v nekaterih pogledih oziroma vsaj tako, kakor bi se spodobilo, neomajen v svoji volji, da bi uveljavil svojo umetnost, da bi filistre z lastnimi sulicami zadel v mozeg, vedno z namenom osramotiti okus množic, *establishment* (ali kakorkoli se že temu reče) in dvomljivce? Namerna samoinscenacija, ki vedno razgali sebstvo, predrznost samega sebe brez pomislekov prizadejati svetu.

Kaj naj še dodam? Obhod zapuščenih razstavnih dvoran je pravljičen. Črepinje postanejo prizme, svetlobo lomijo v barve, kot da bi za trenutek pogledali v tuj svet, ki nam ni nikdar pripadal. Življenje teče svojo pot, ponovno pride na dan pred mondeno kuliso, ki ji je bila odrečena prihodnost tehnokratov. Ti morda vidijo zgolj razvaline, ki se zdijo celo starejše od starodavnih rovov. V tem prepoznaš veličastno areno za večni naprej.

Ali ni bil ta kraj pred kratkim uporabljen kot filmska kulisa za lokalno kriminalko? Kako je bila naslovljena? *Ko bi le vedel, kako lepo je tukaj.* Nekaterim se je to zdelo porogljivo. Lepo, kar je že preteklo, je včasih najlepše.

ANSICHTEN
POINTS OF VIEW
POGLEDI

Gerhard Maurer

Katholische Pädagogische
Akademie Graz Eggenberg
Catholic Pedagogical Academy
Graz Eggenberg
Katoliška pedagoška akademija
v graškem okraju Eggenberg

Ossiacher See Halle
Ossiacher See Halle
Drsališče Ossiacher See Halle

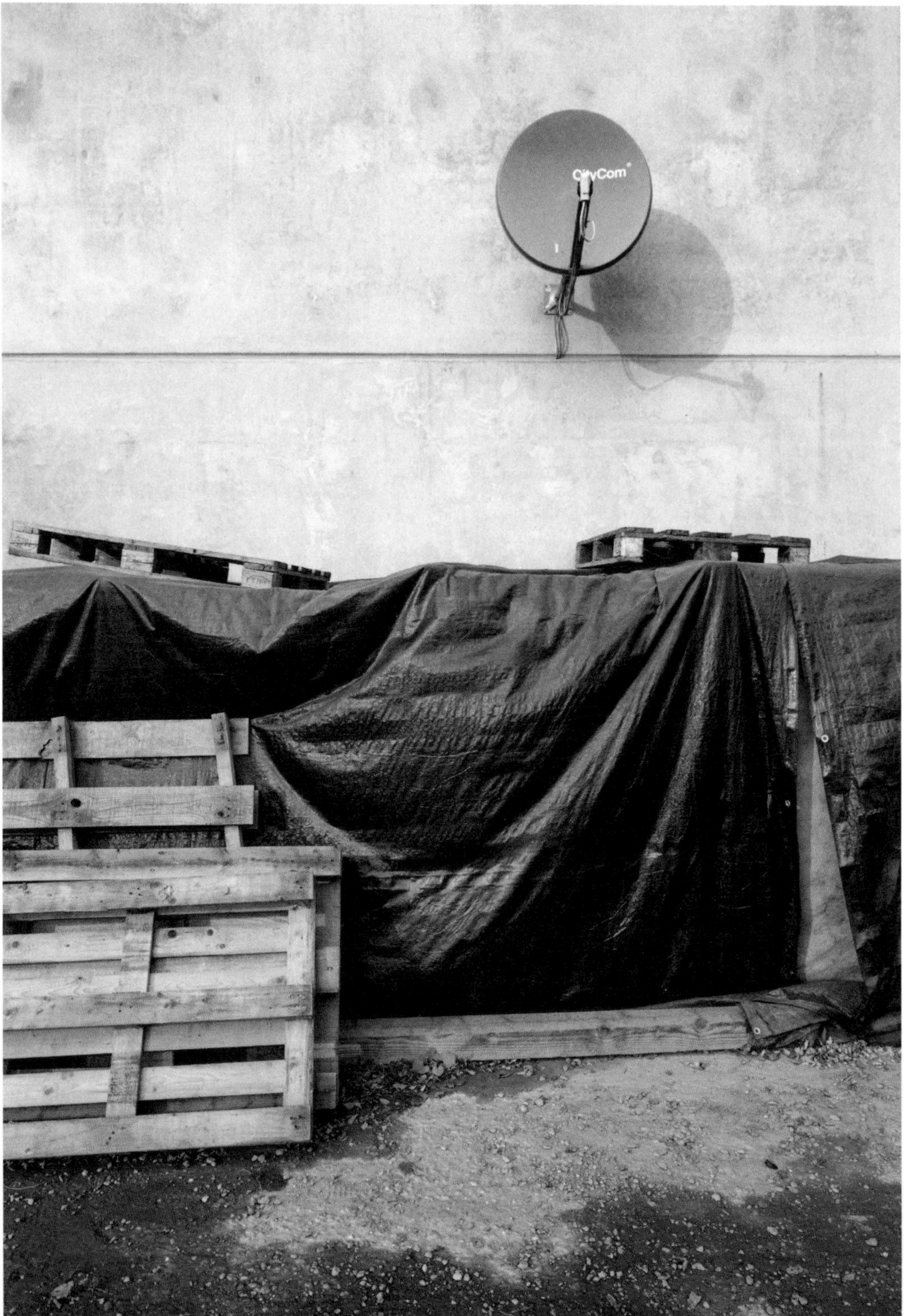
CityCom

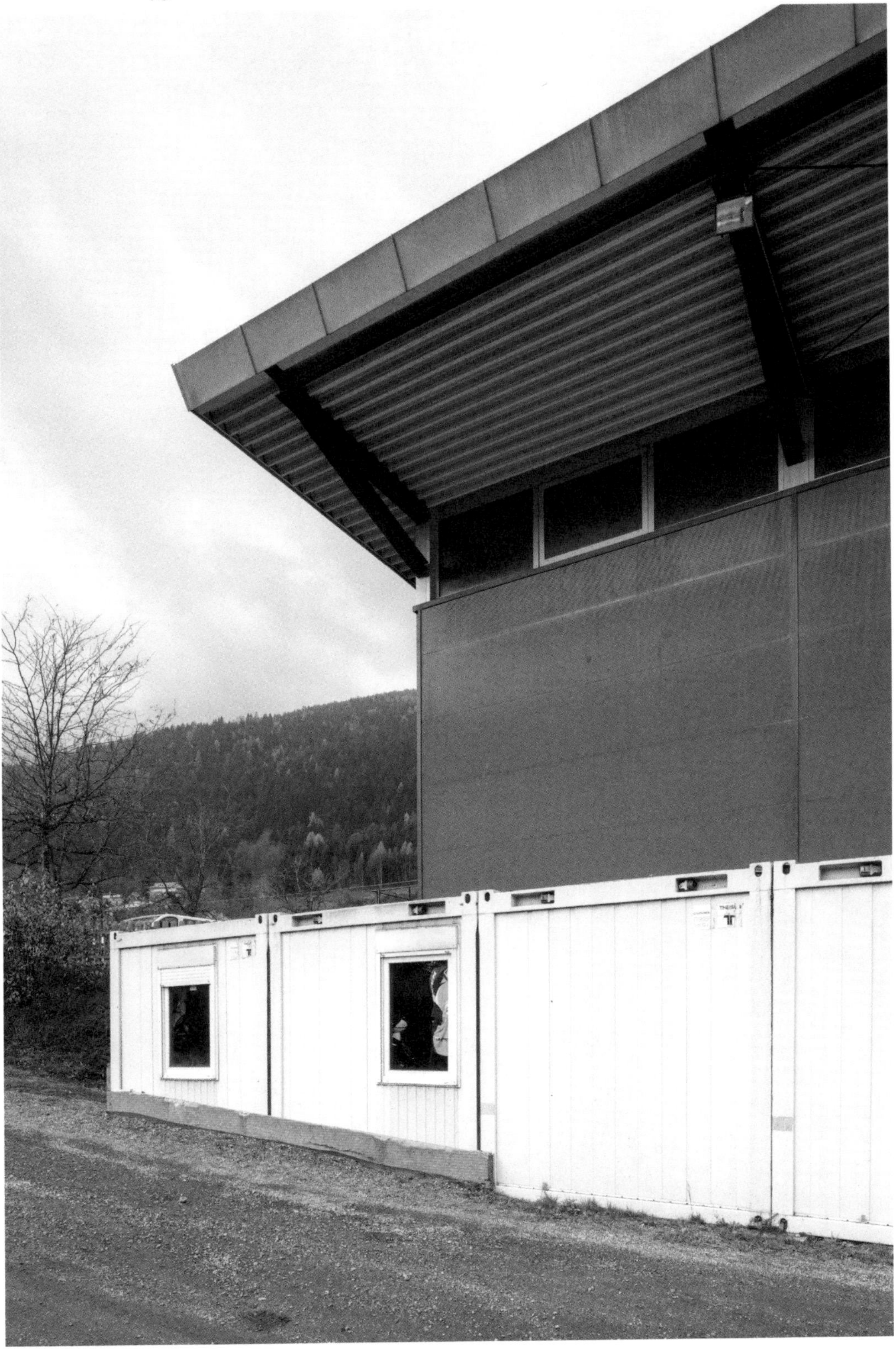

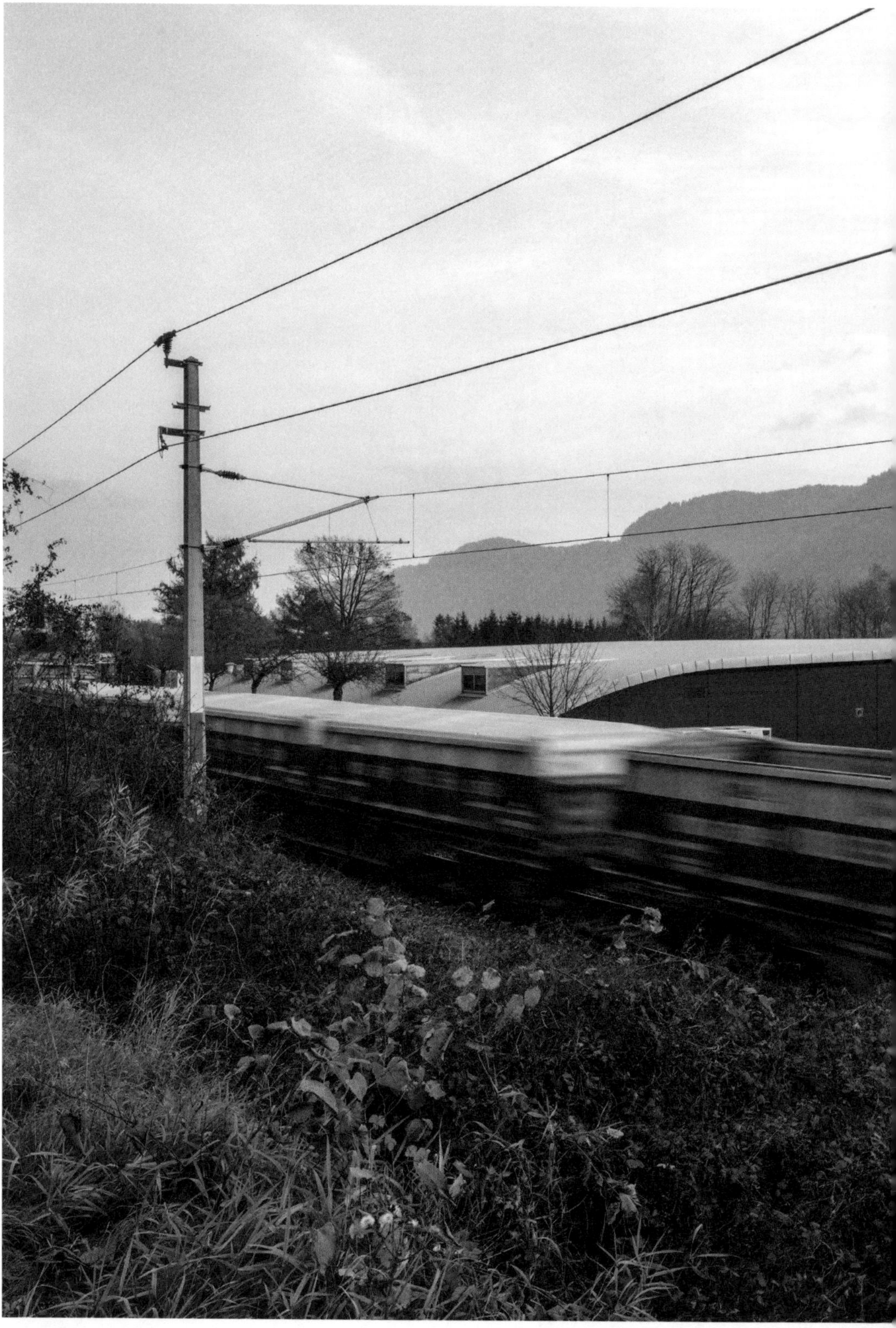

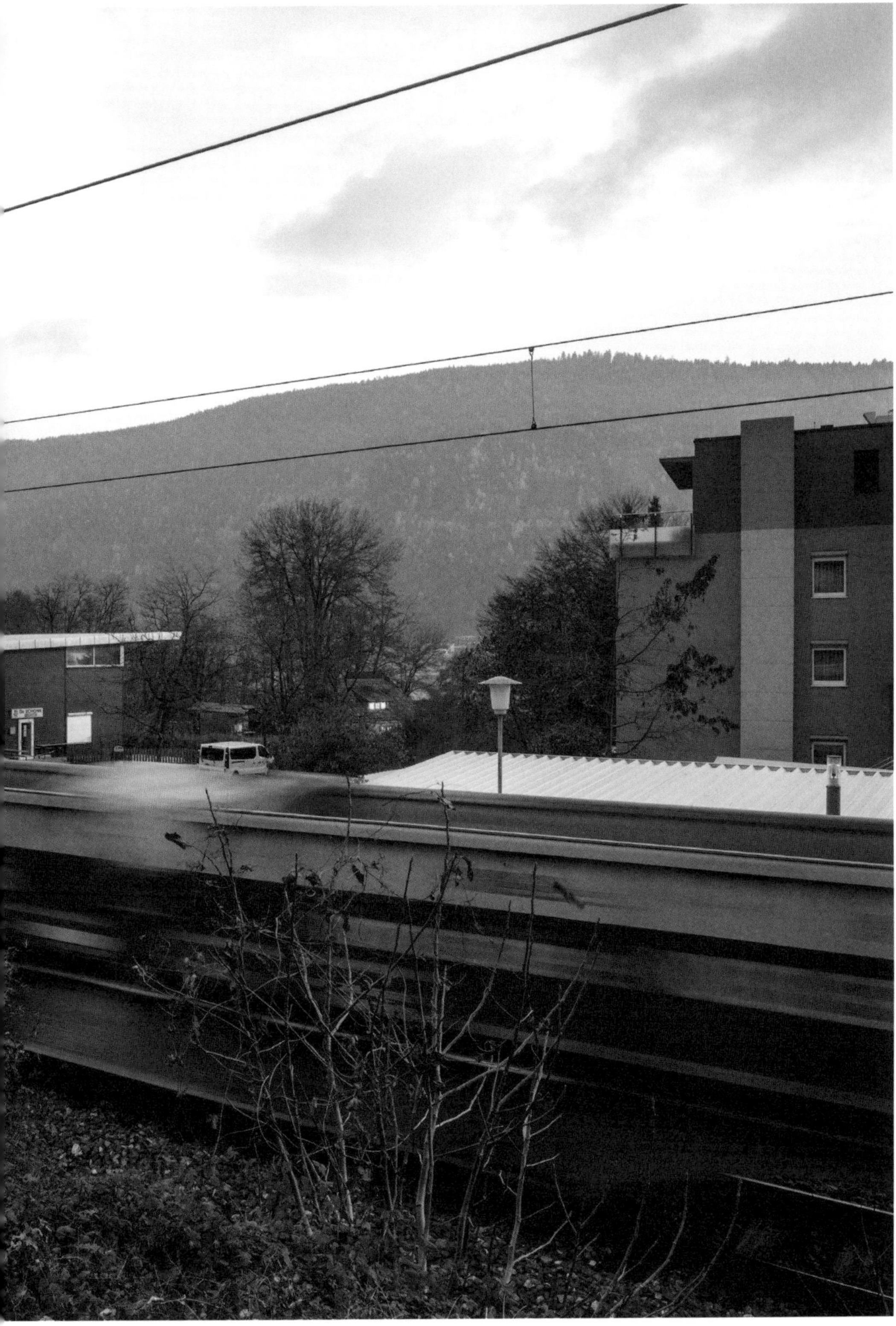

Funderwerk II
Funderwerk II
Funderwerk II

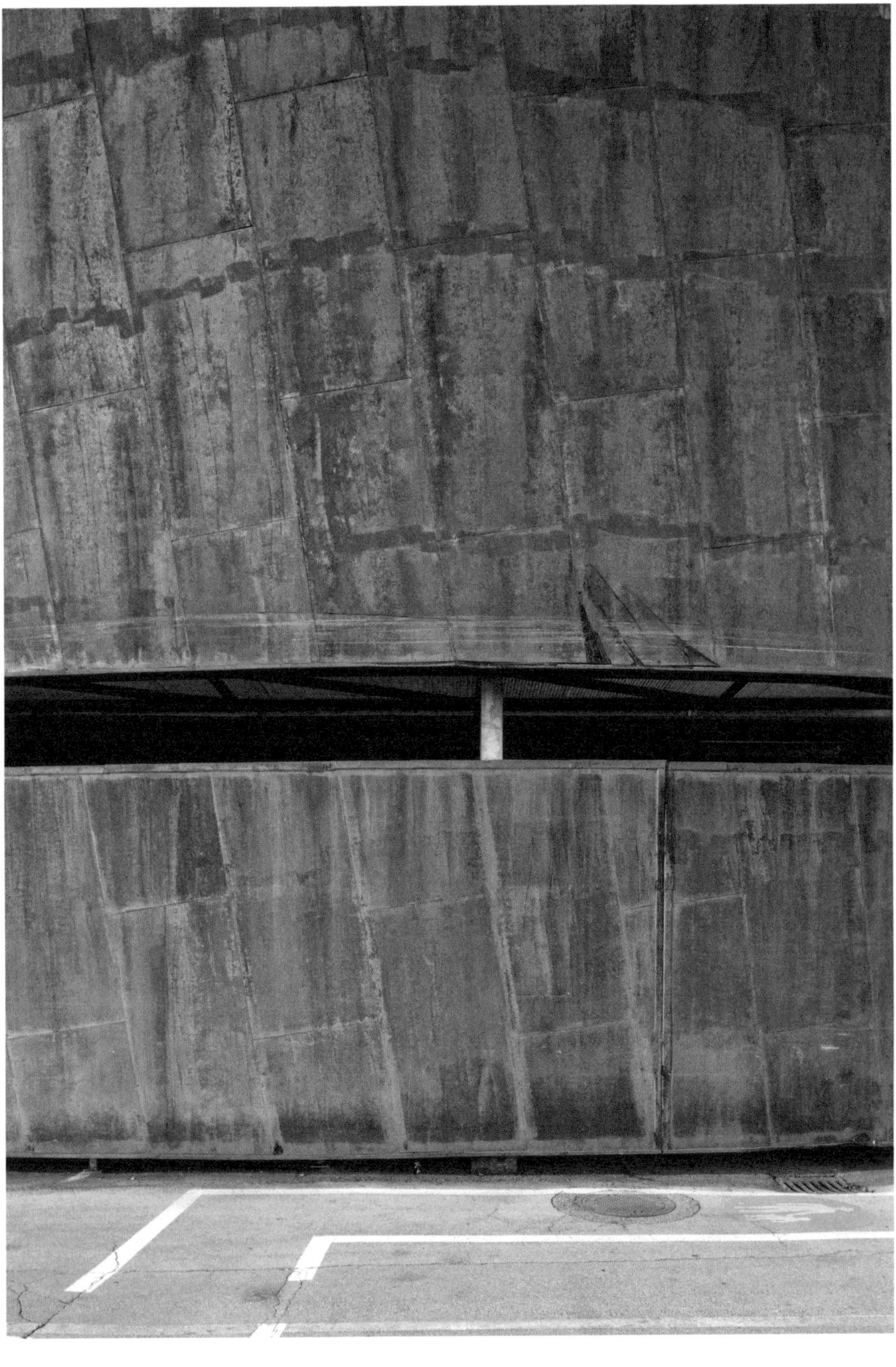

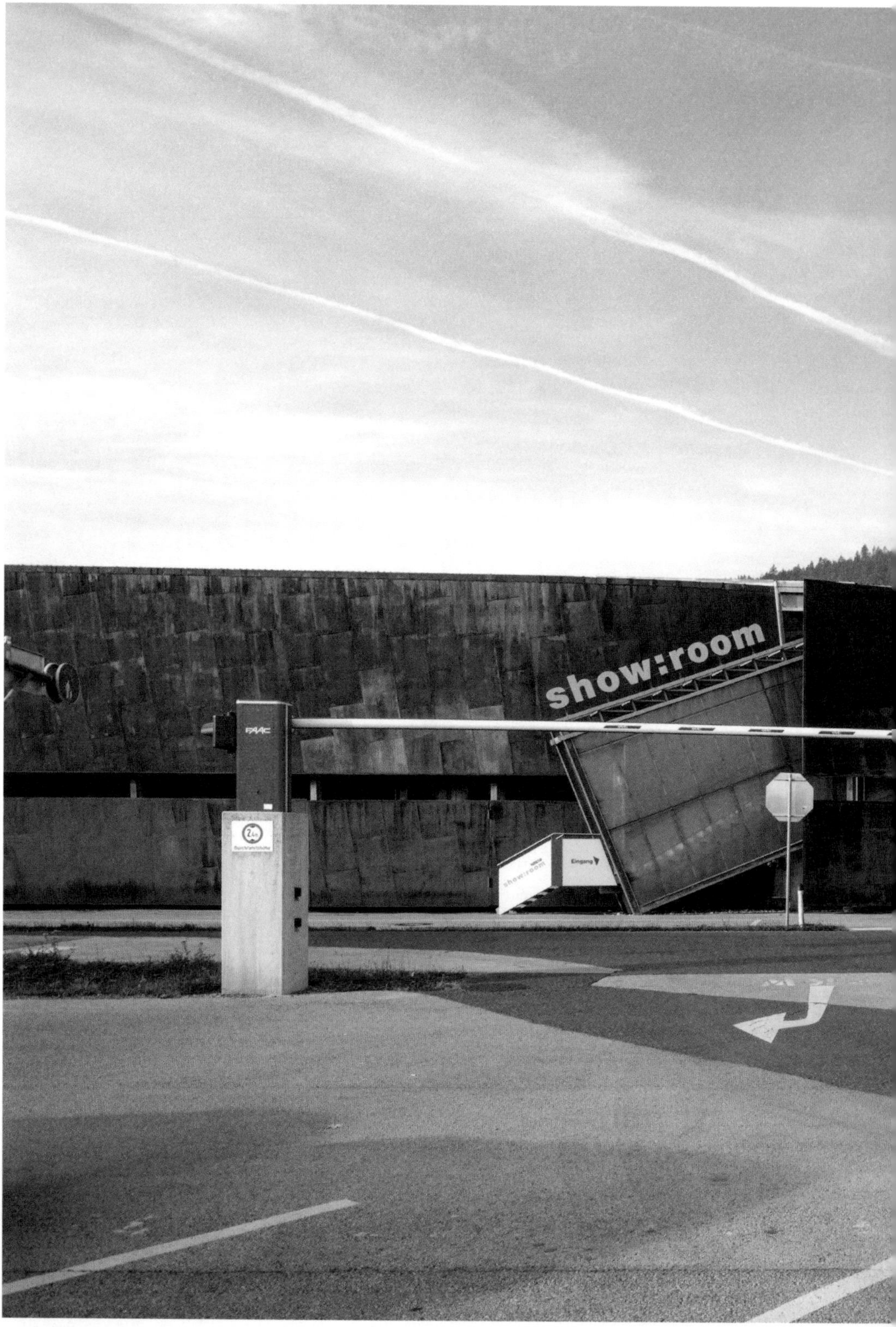
show:room
FAAC
show:room
Eingang

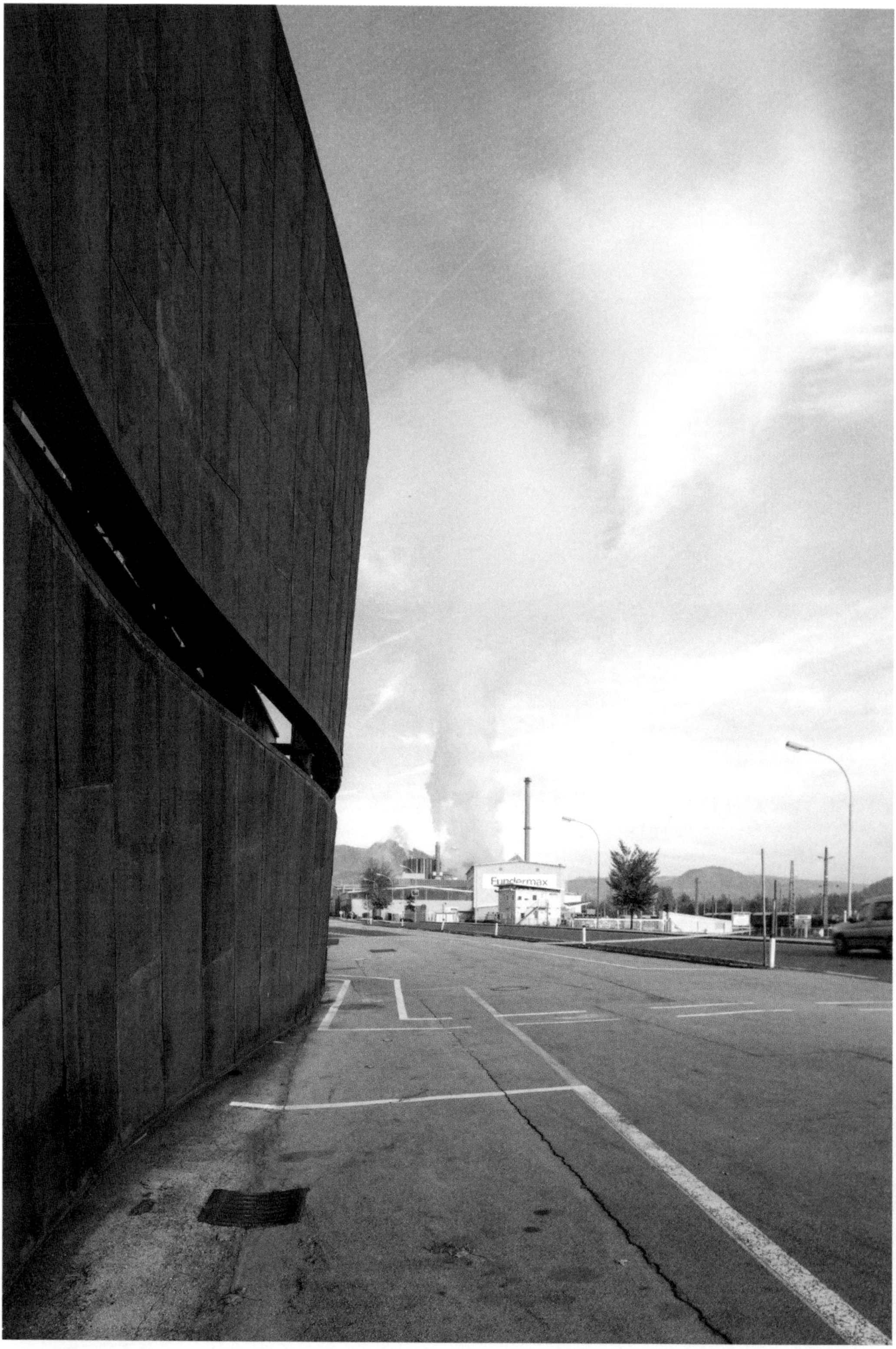
Fundermax

**GIG, Gründer-, Innovations-
und Gewerbezentrum**
GIG (Center for Innovation
and Commerce)
GIG (zagonsko, inovacijsko
in obrtno središče)

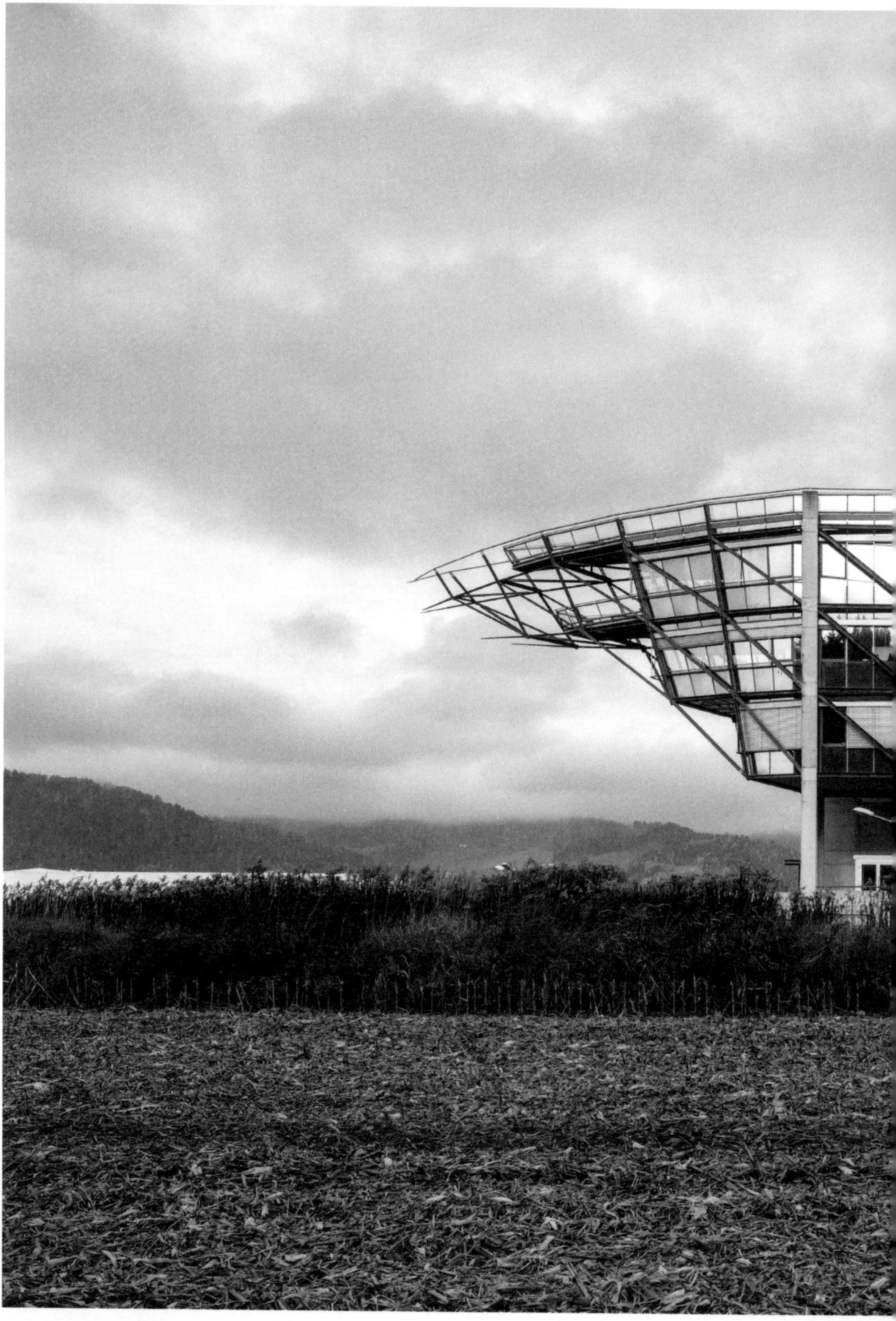

Hauptschule Simonsgasse
Simonsgasse Secondary School
Srednja šola Simonsgasse

Haus Eigner I
House Eigner I
Hiša Eigner I

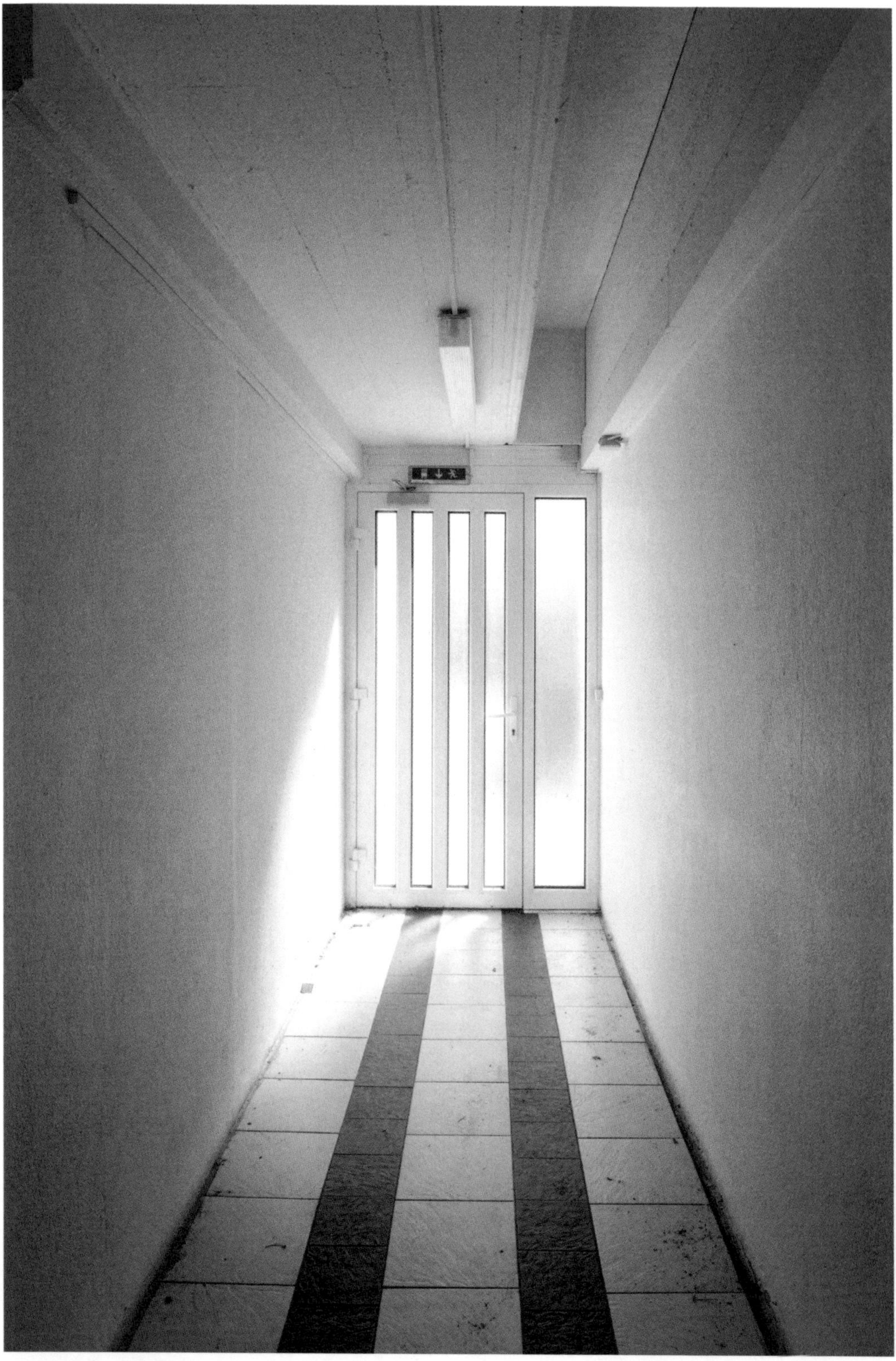

Haus Holzer
House Holzer
Hiša Holzer

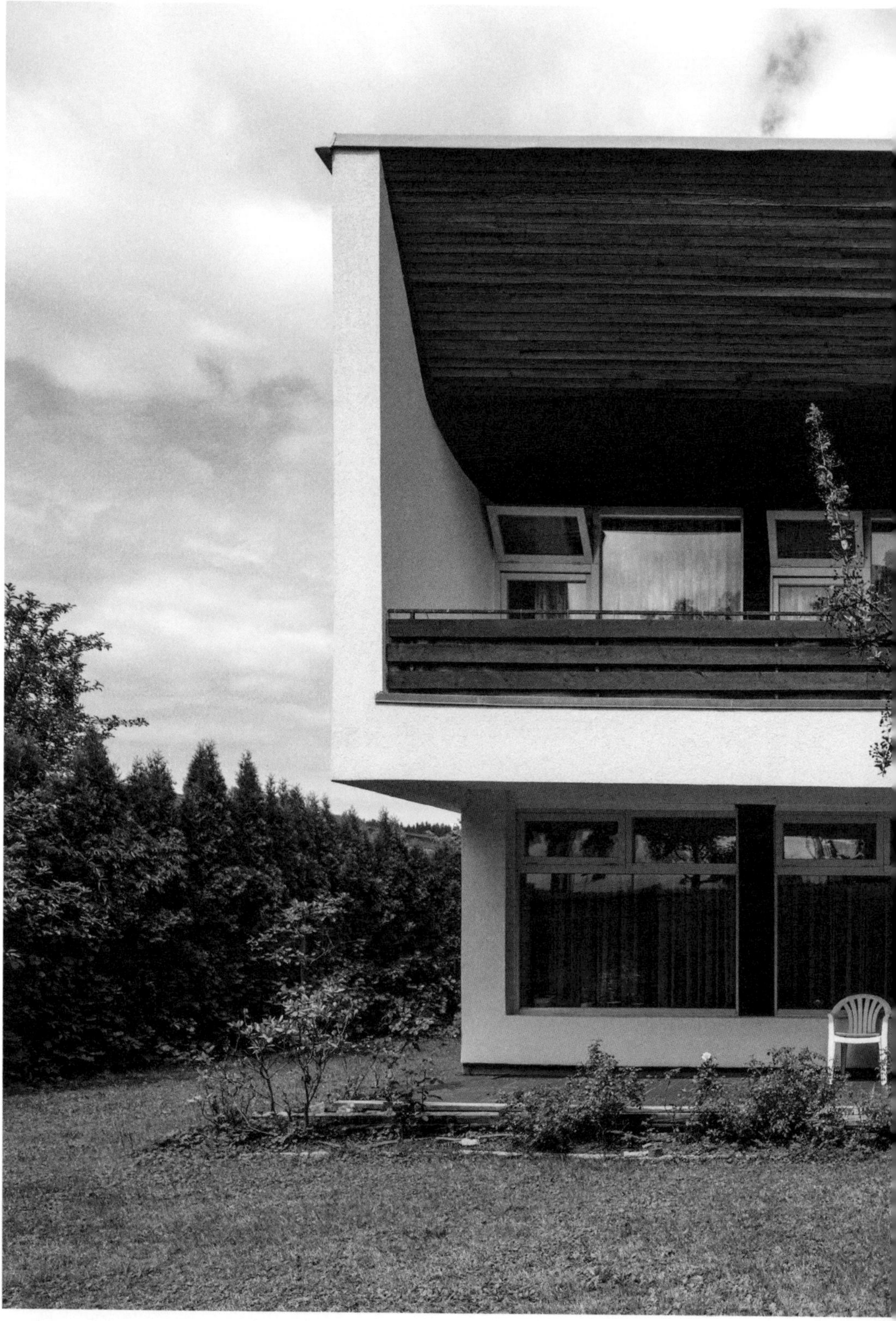

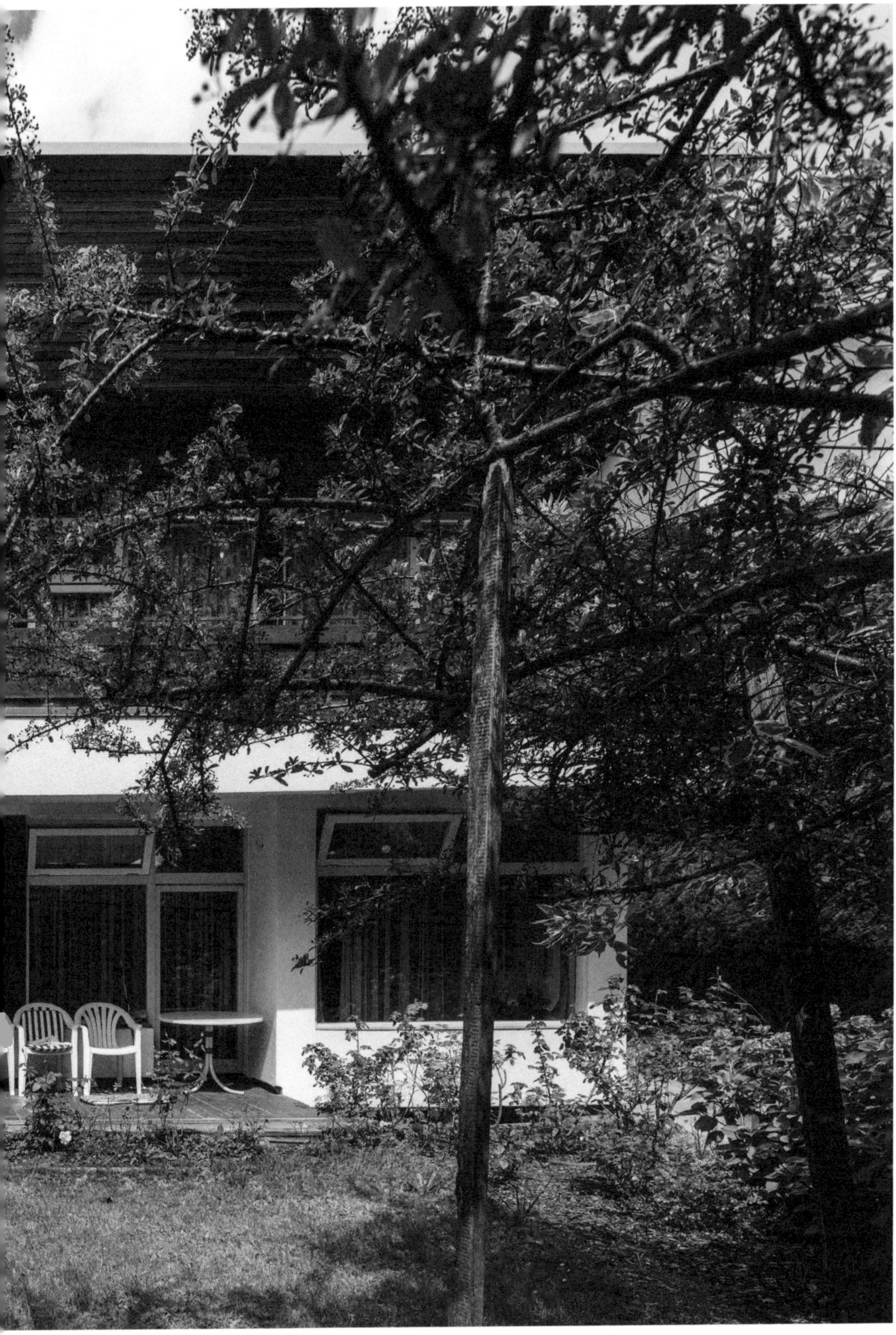

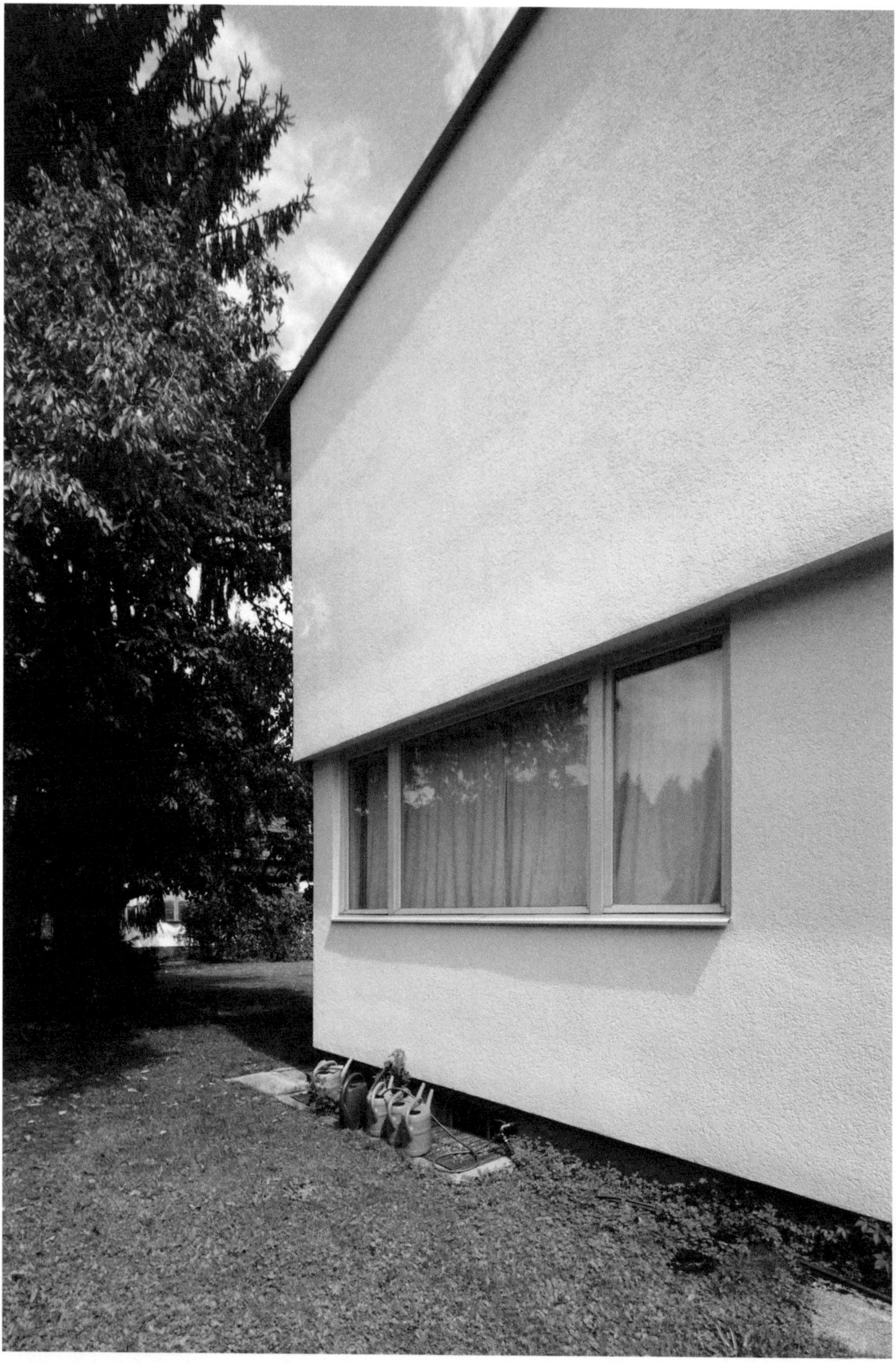

**Kärntner Landesausstellung,
Heft in Hüttenberg**
Carinthian Regional Exhibition,
Heft in Hüttenberg
Koroška deželna razstava,
Heft v Hüttenbergu

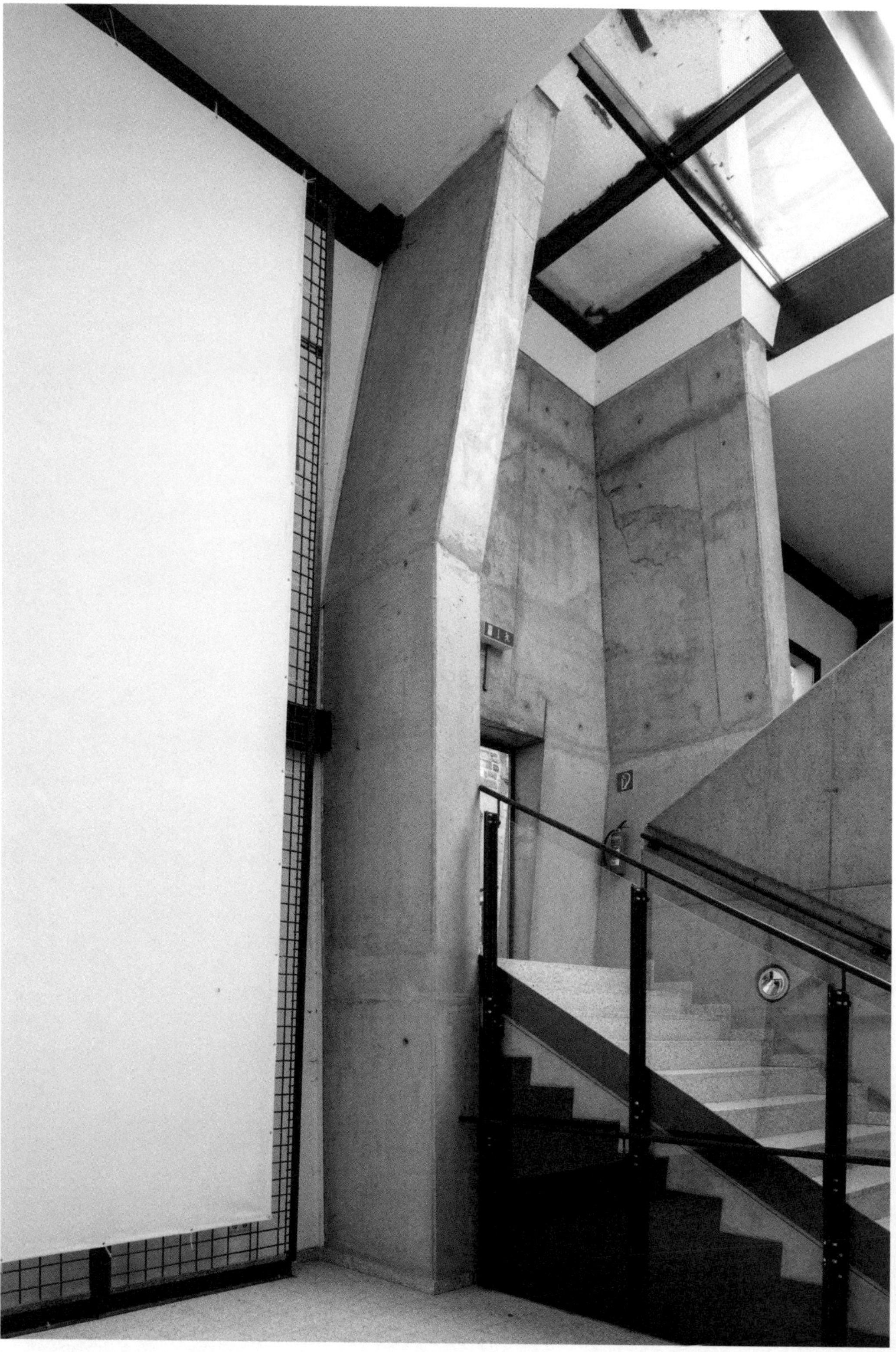

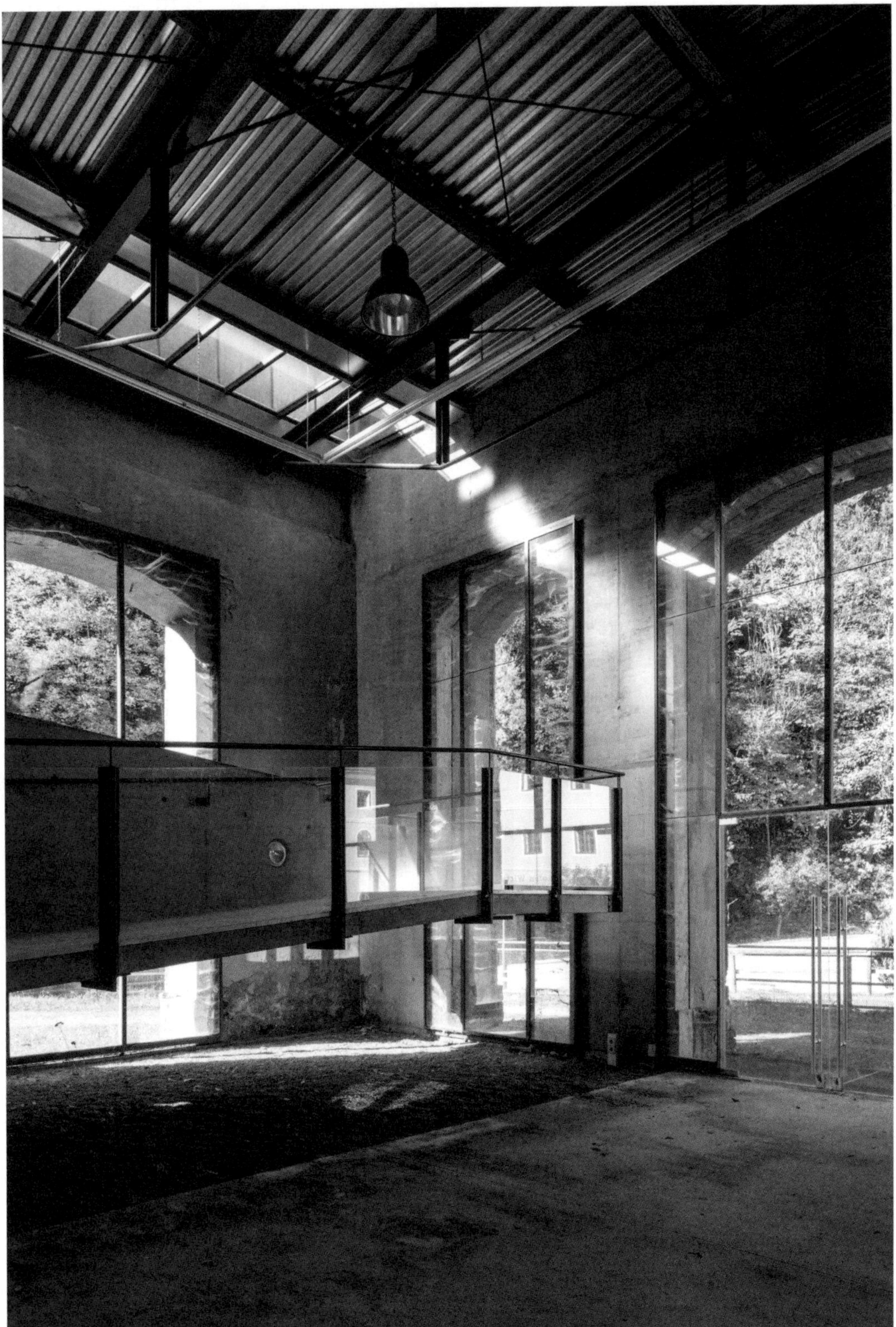

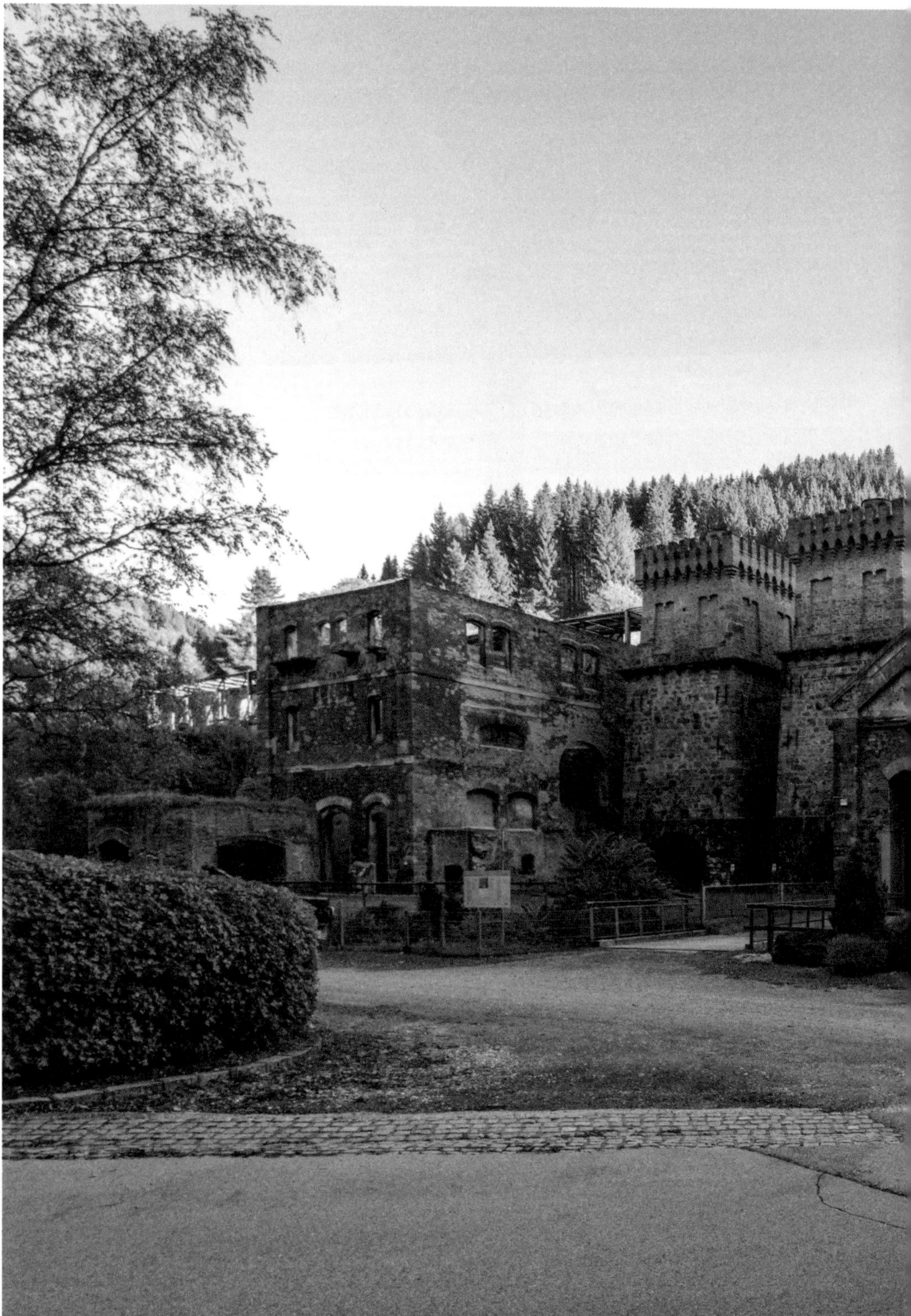

Hermagoras
Hermagoras
Hermagoras

Holzskulptur „Kranich"
Wood Sculpture "Kranich"
Lesena skulptura »Kranich«

Humanic St. Veit
Humanic St. Veit
Humanic Šentvid

Humanic Alser Straße
Humanic Alser Straße
Humanic Alser Straße

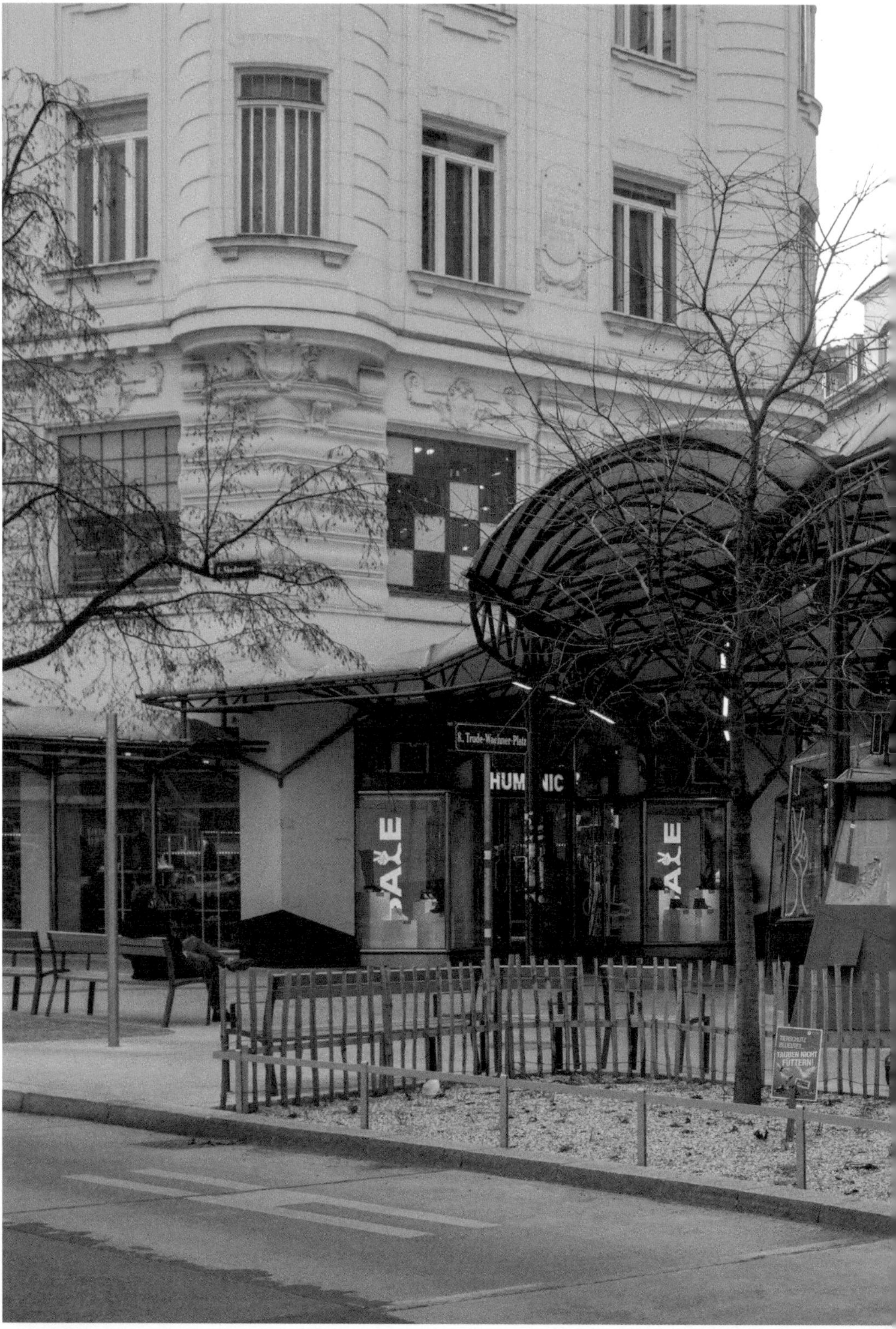
HUM NIC
SALE
SALE
TAUBEN NICHT FÜTTERN!

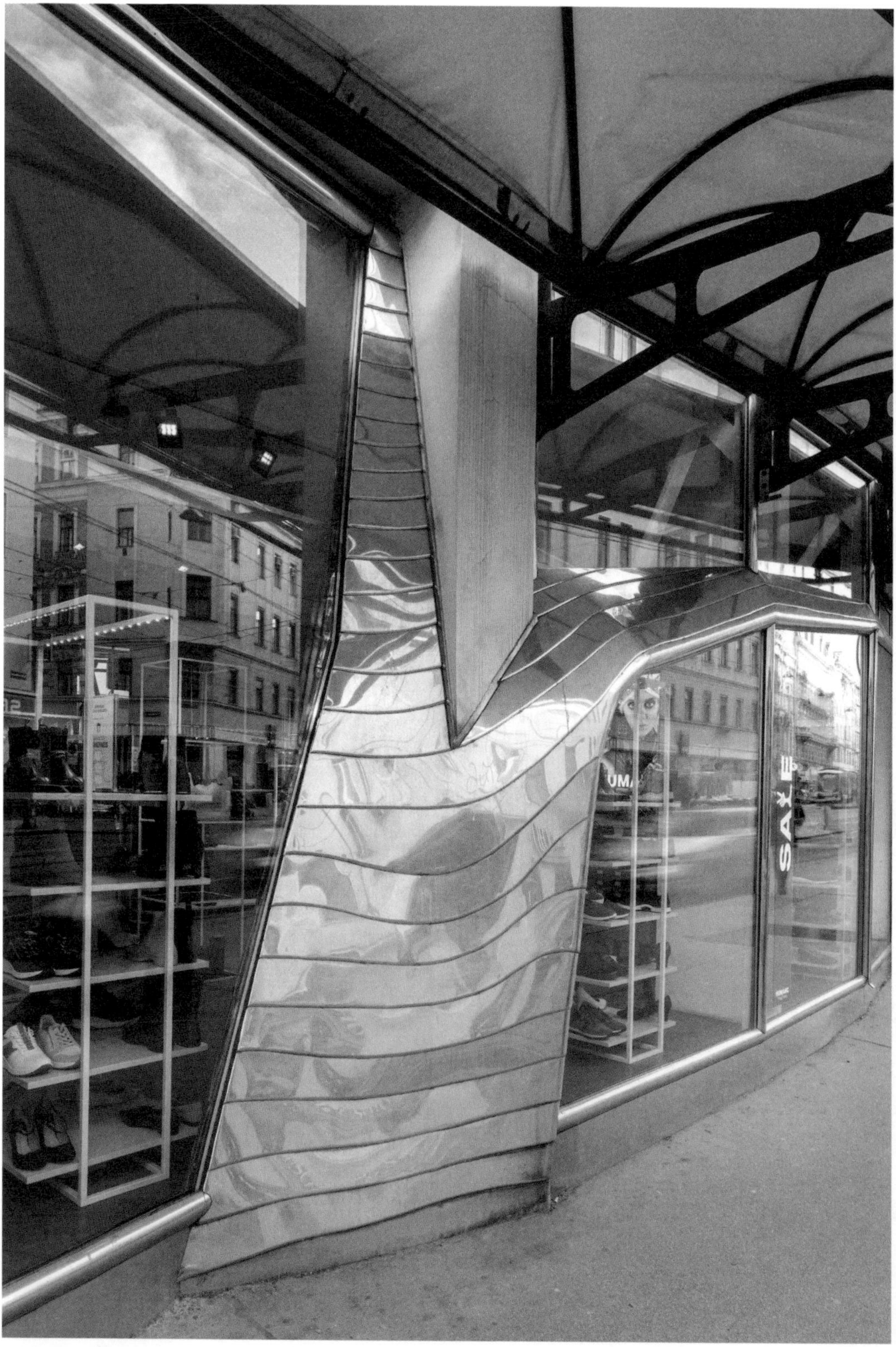

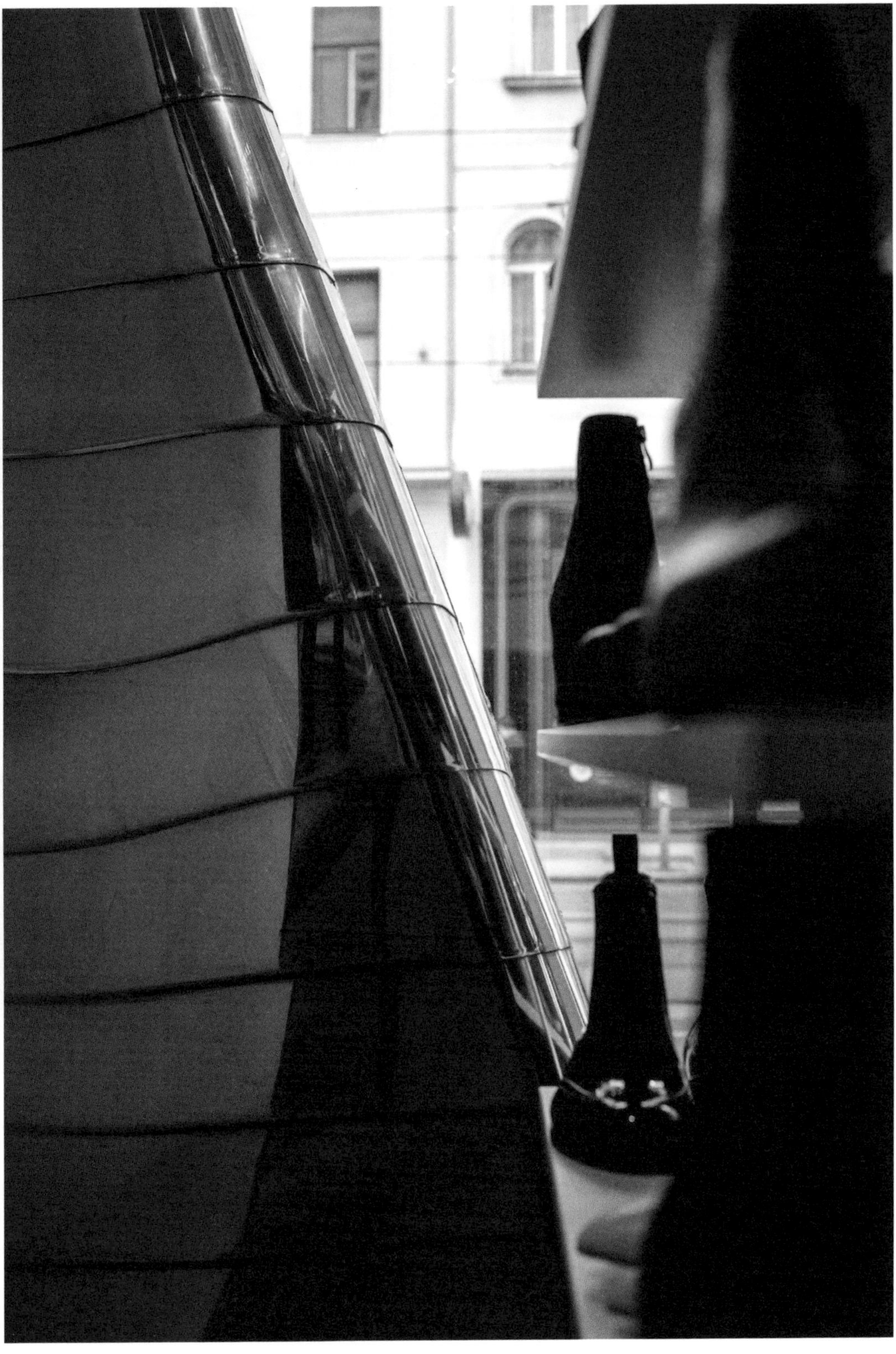

Kraftwerk Unzmarkt
Unzmarkt Power Station
Elektrarna Unzmarkt

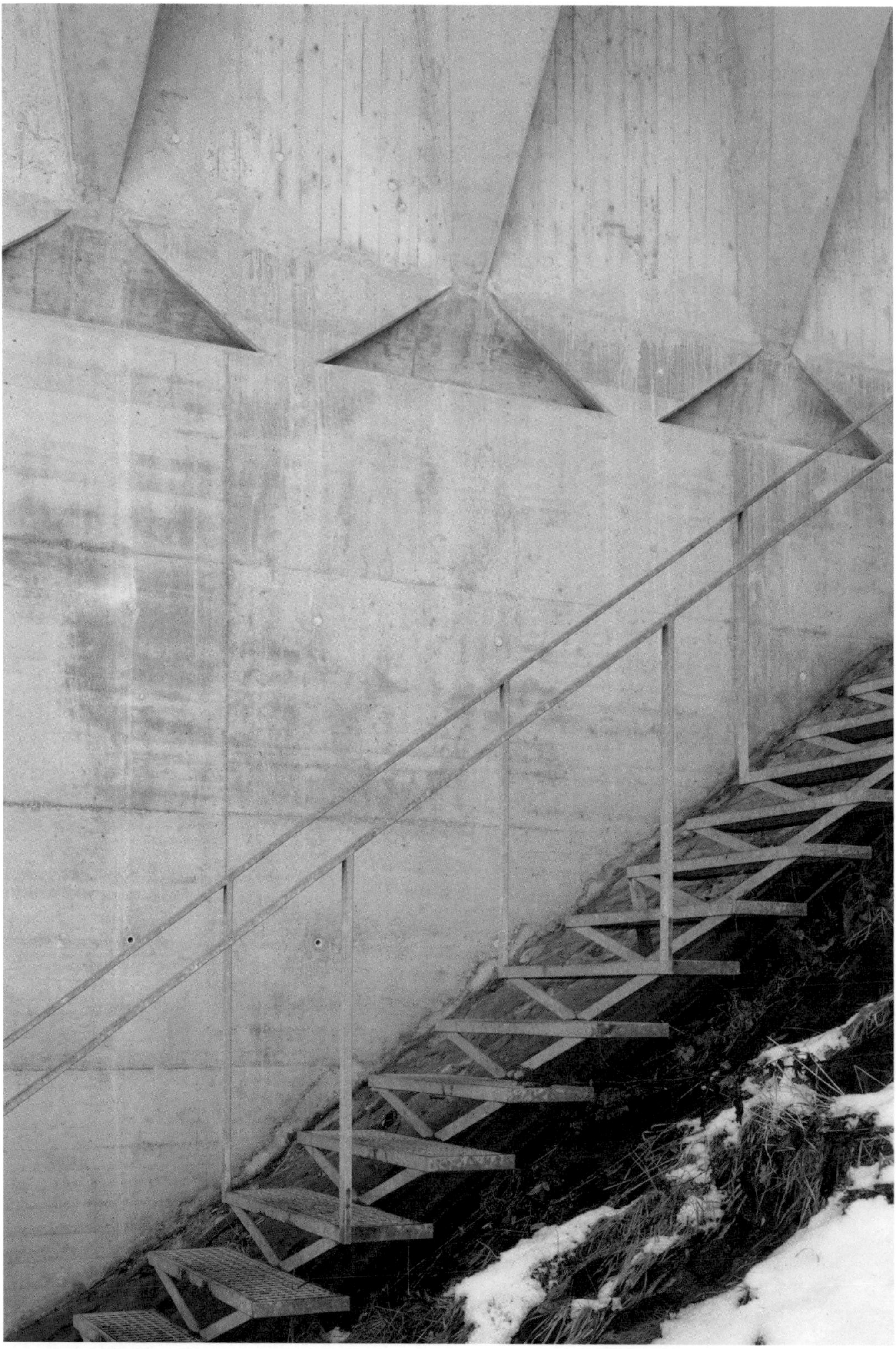

Kunstakademie Münster
University of Fine Arts Münster
Umetniška akademija v Münstru

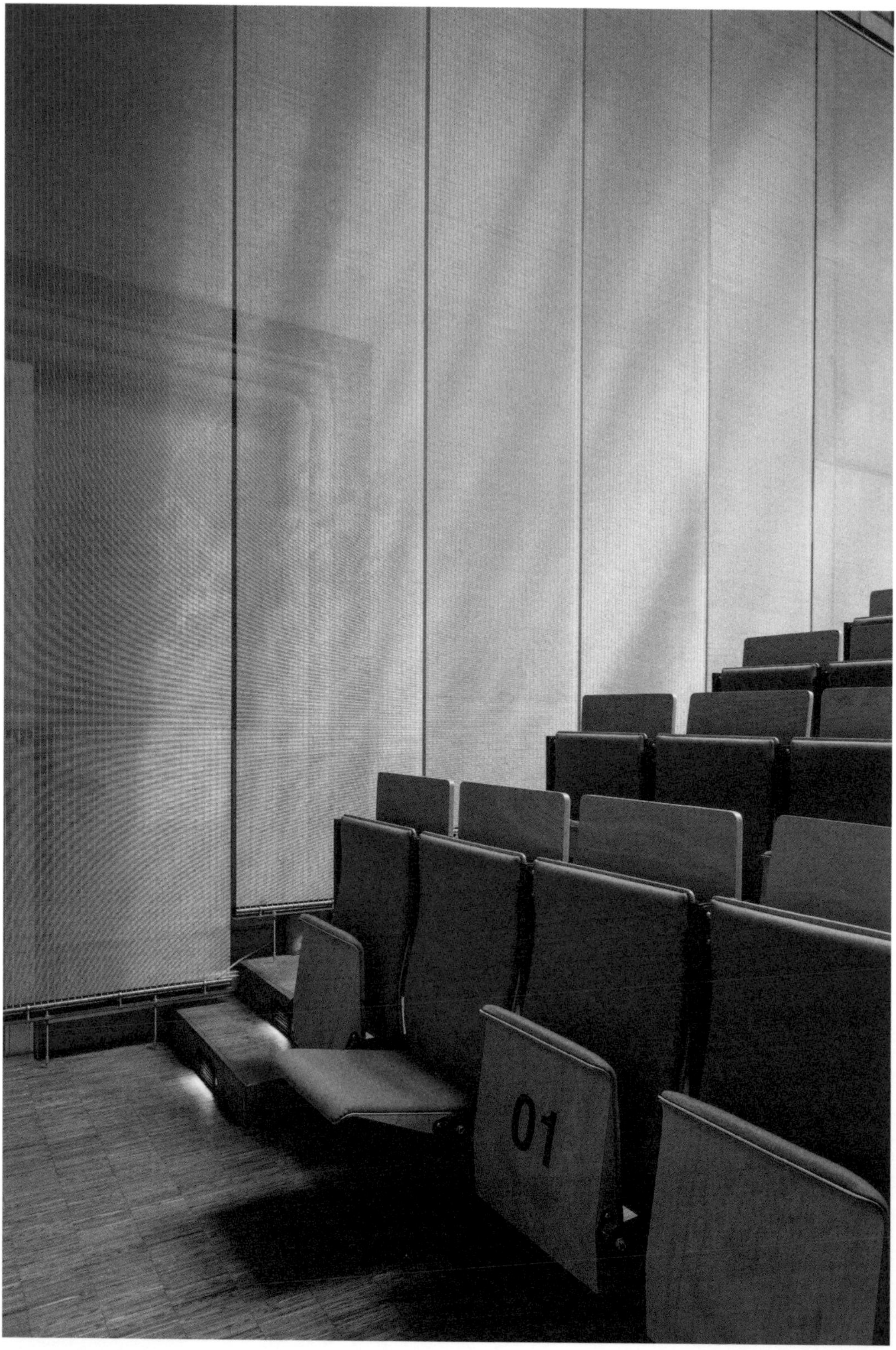
01

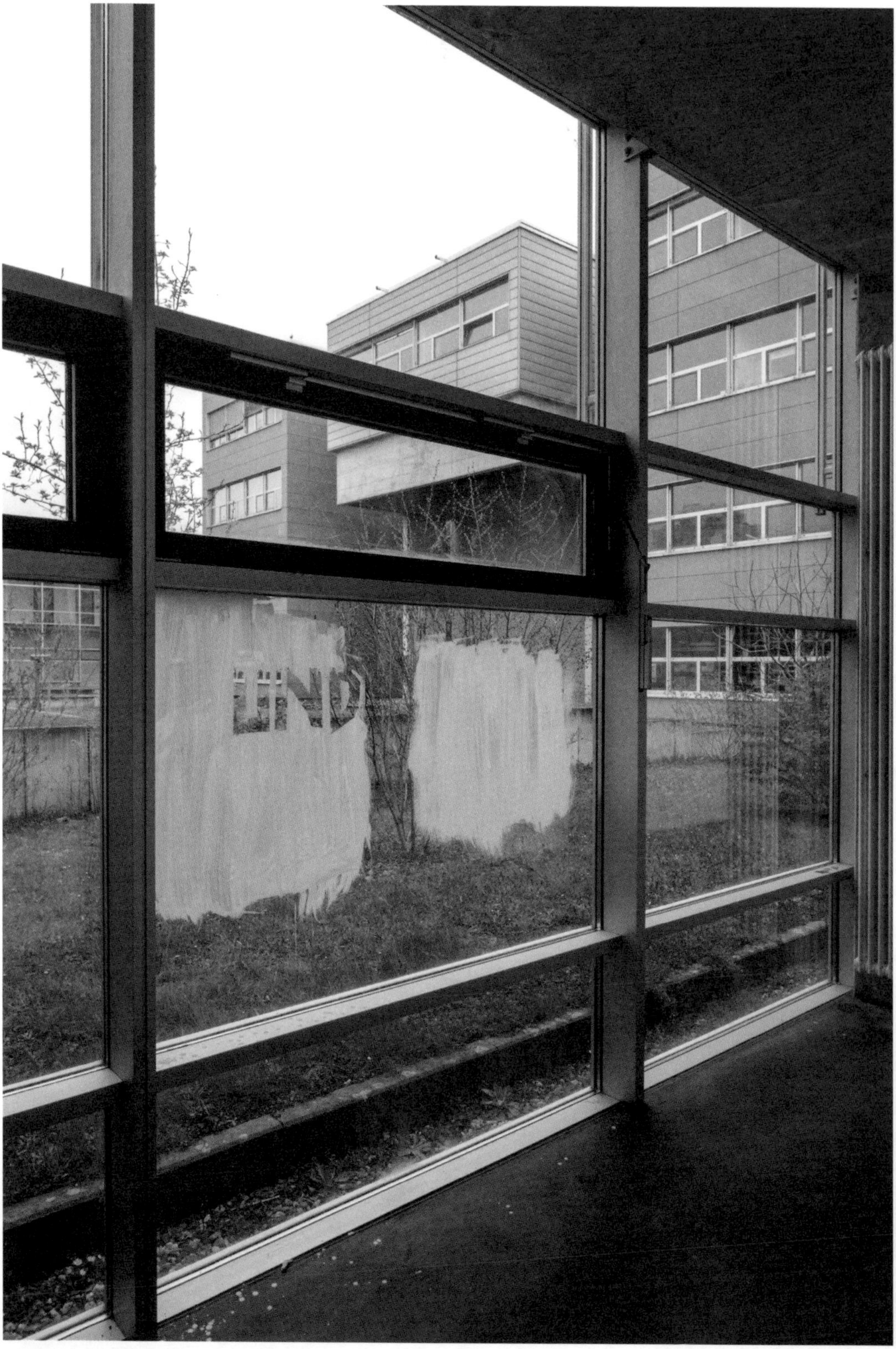

Landeskrankenhaus Bruck an der Mur
Bruck an der Mur State Hospital
Deželna bolnišnica Bruck an der Mur

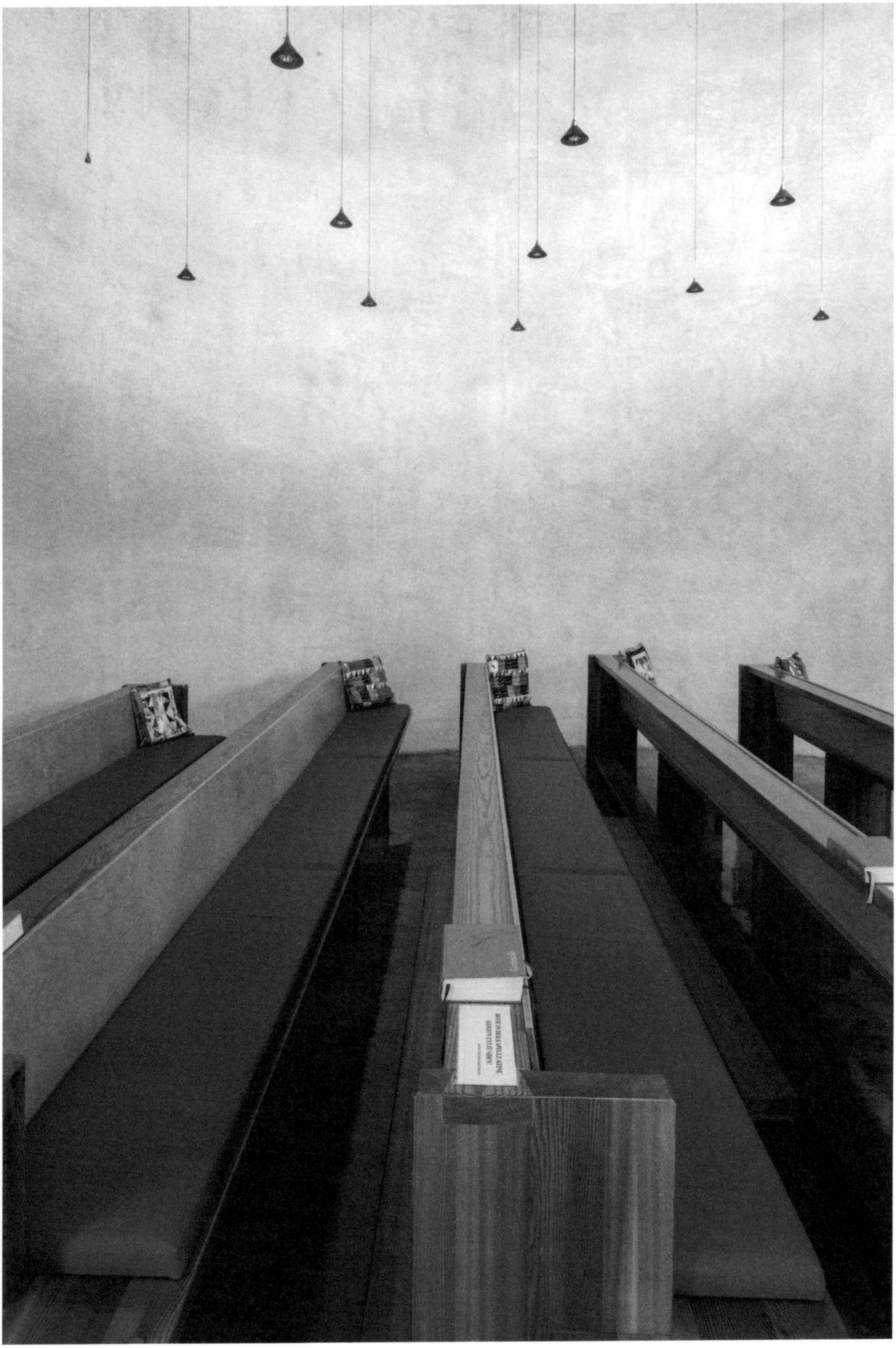

Mursteg
Mursteg
Most čez Muro

Wohnanlage Neufeldweg
Neufeldweg Housing Development
Stanovanjsko naselje Neufeldweg

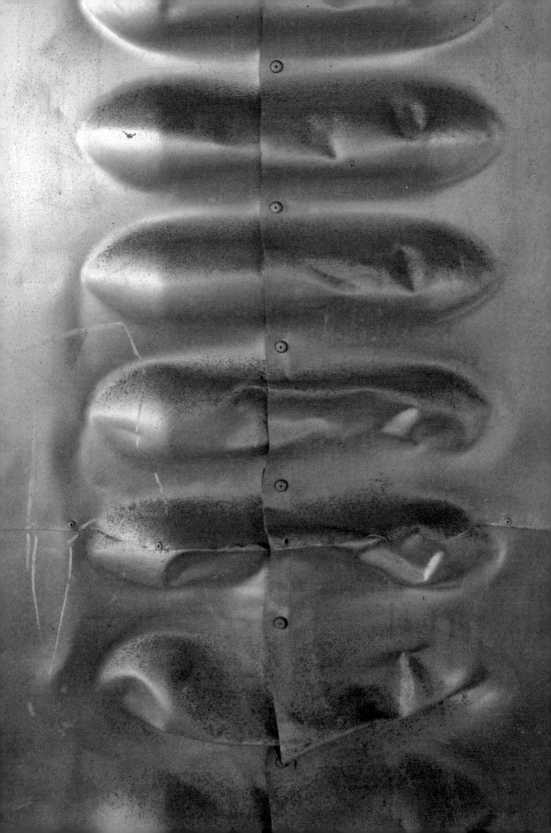

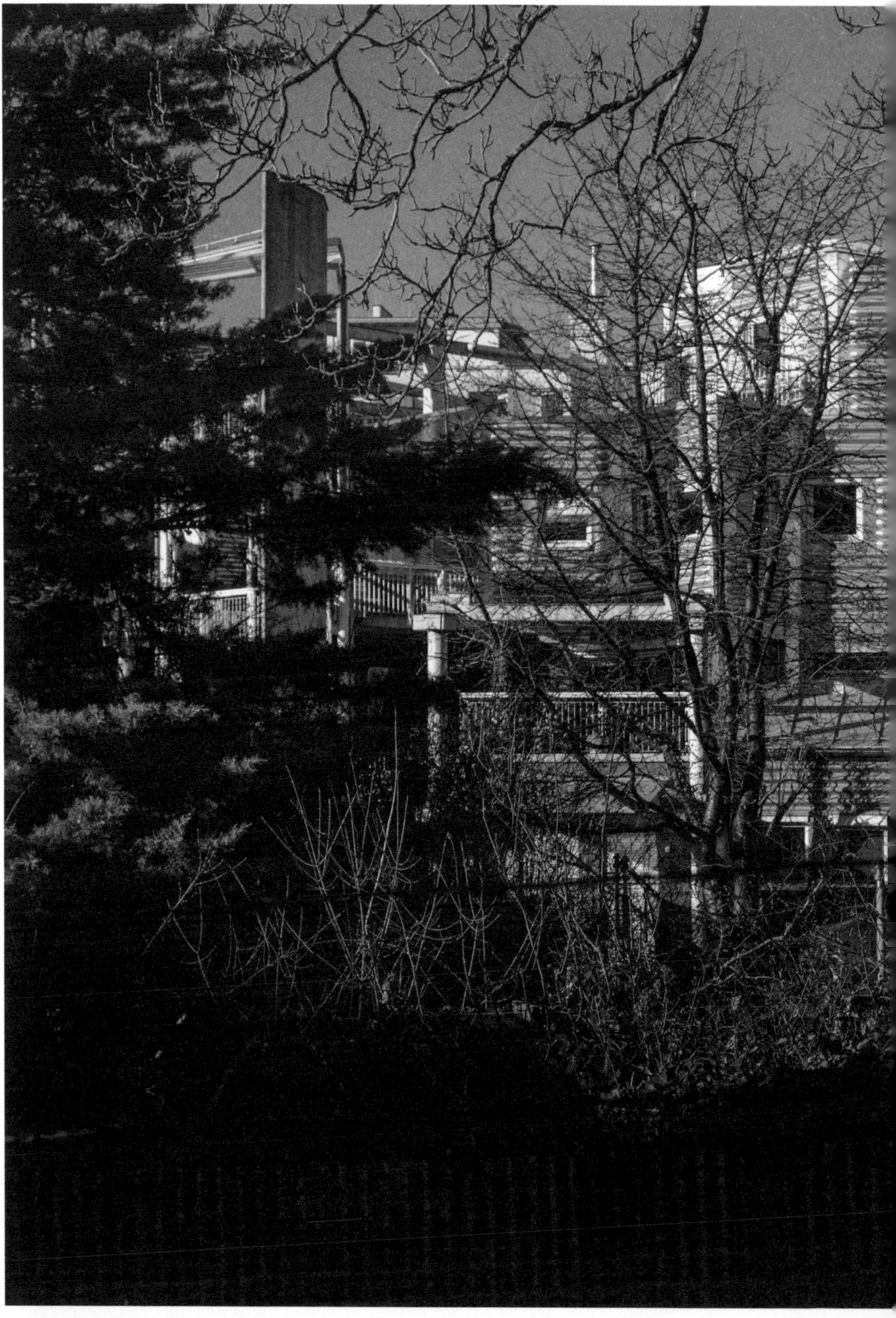

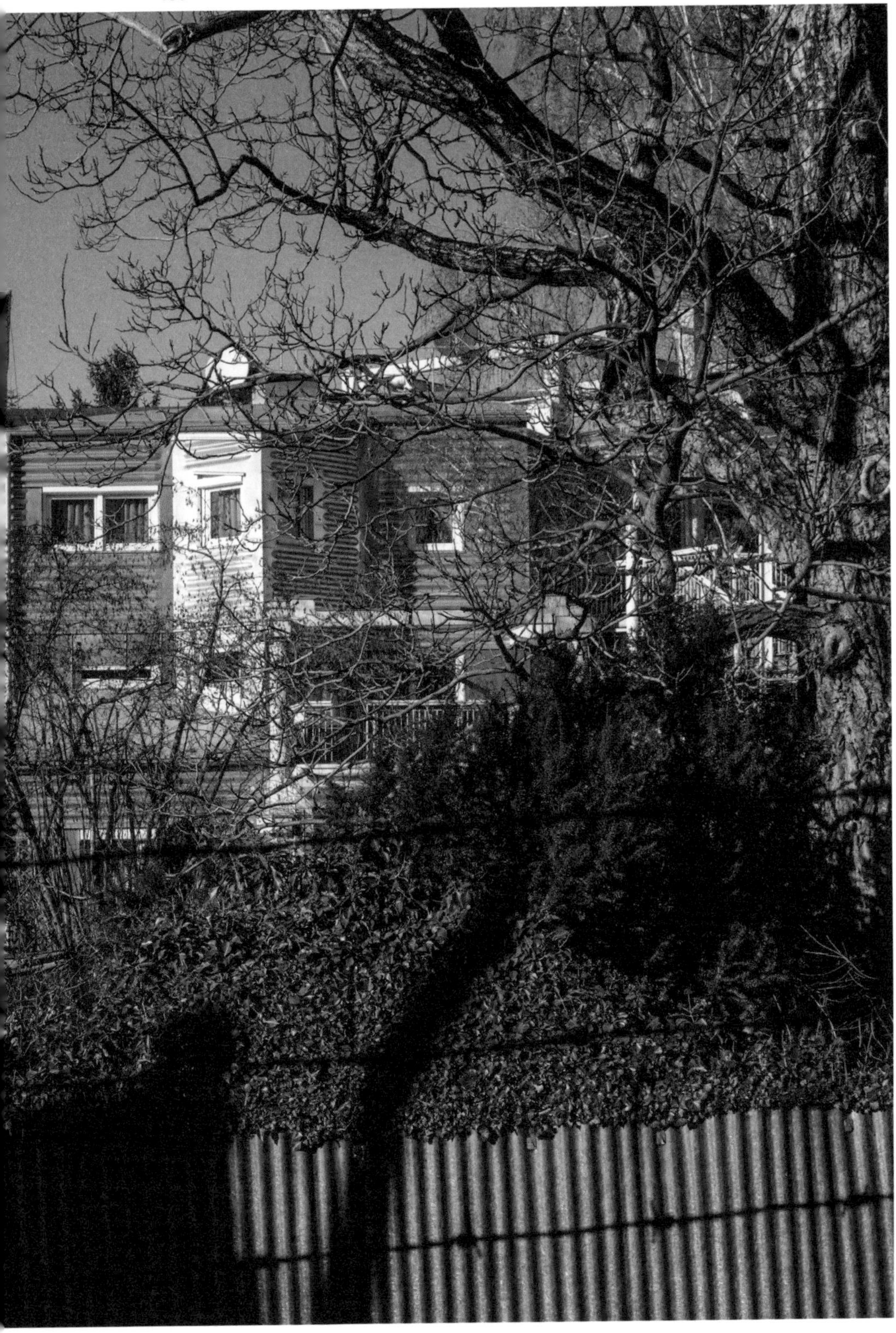

**Römisch-katholisches Kirchenzentrum
und Pfarrkirche Oberwart**
Roman Catholic Church Centre and
Parish Church of Oberwart
Rimskokatoliško cerkveno središče
in župnijska cerkev v Oberwartu

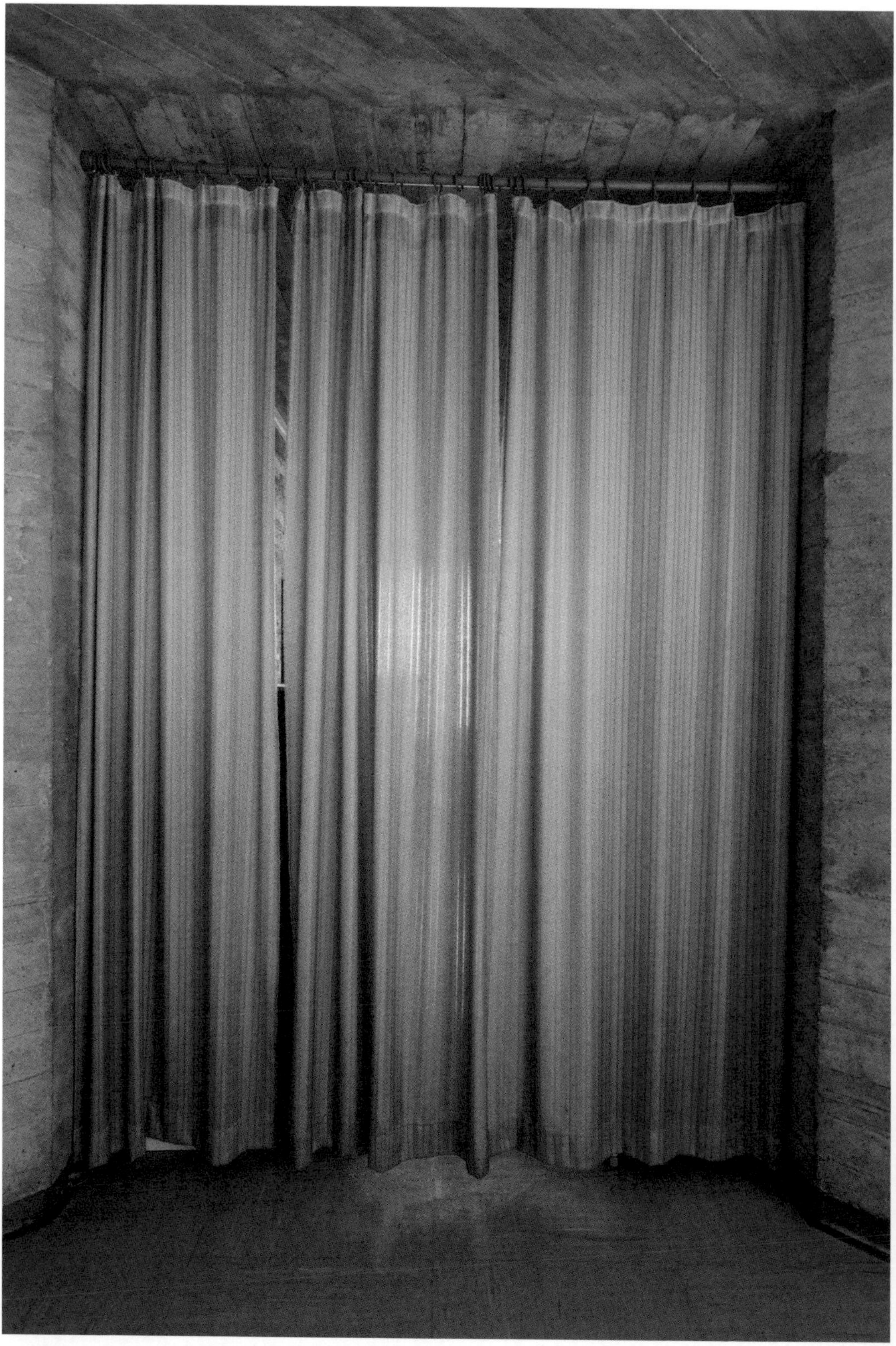

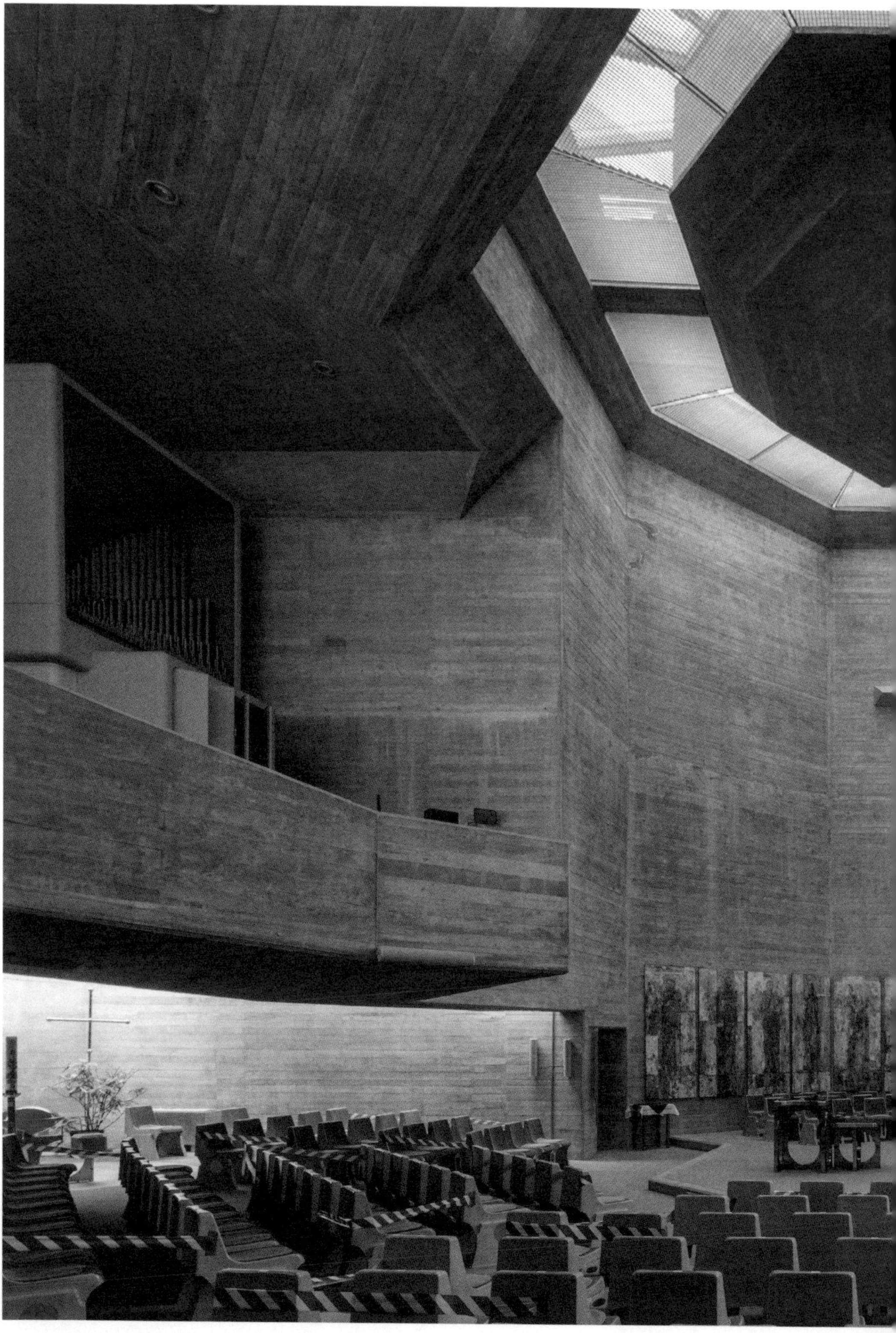

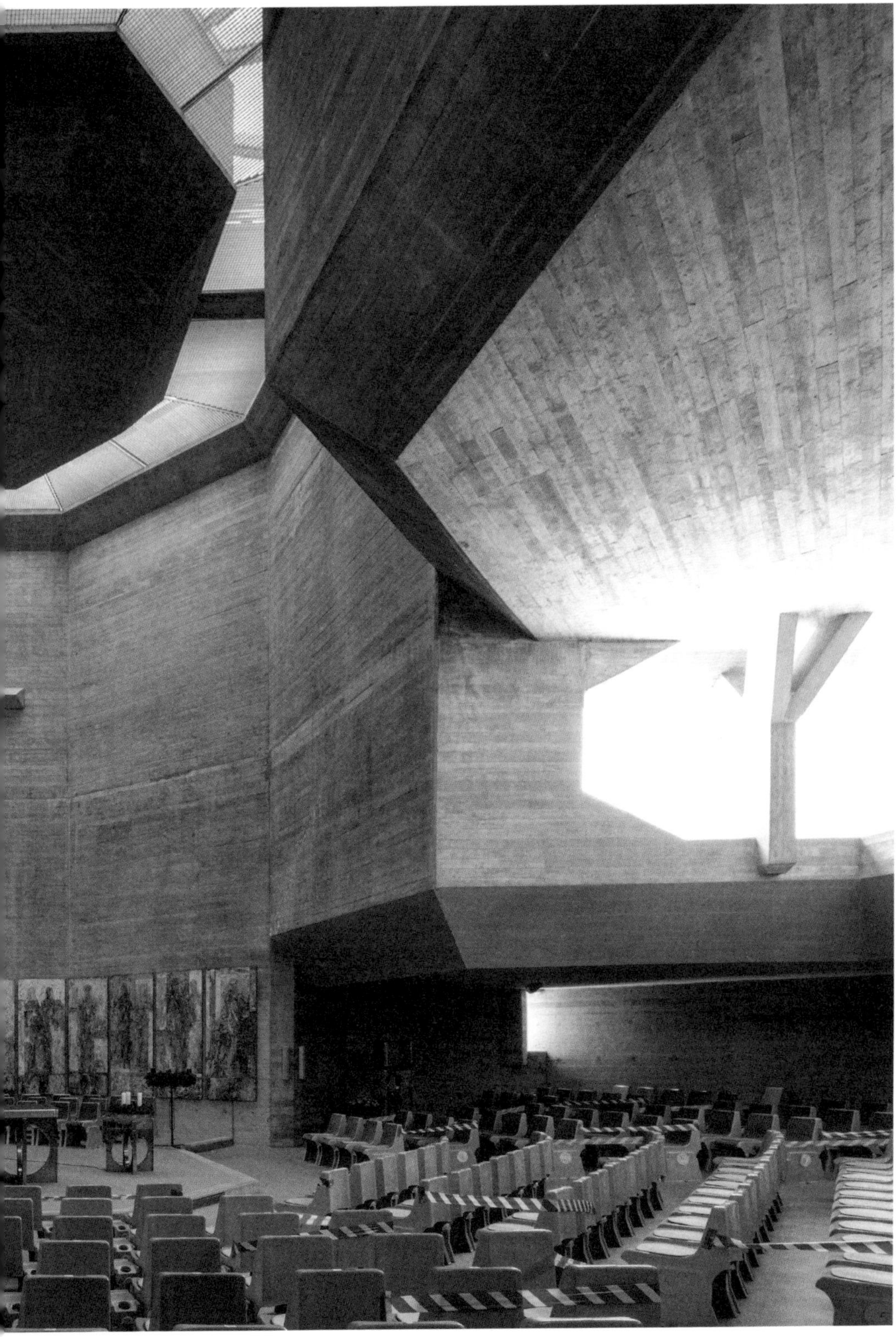

Dokumentationszentrum
Reichsparteitagsgelände Nürnberg
Documentation Center Nazi Party
Rally Grounds in Nuremberg
Dokumentacijski center na kongresnem
prostoru nacionalsocialistične stranke
v Nürnbergu

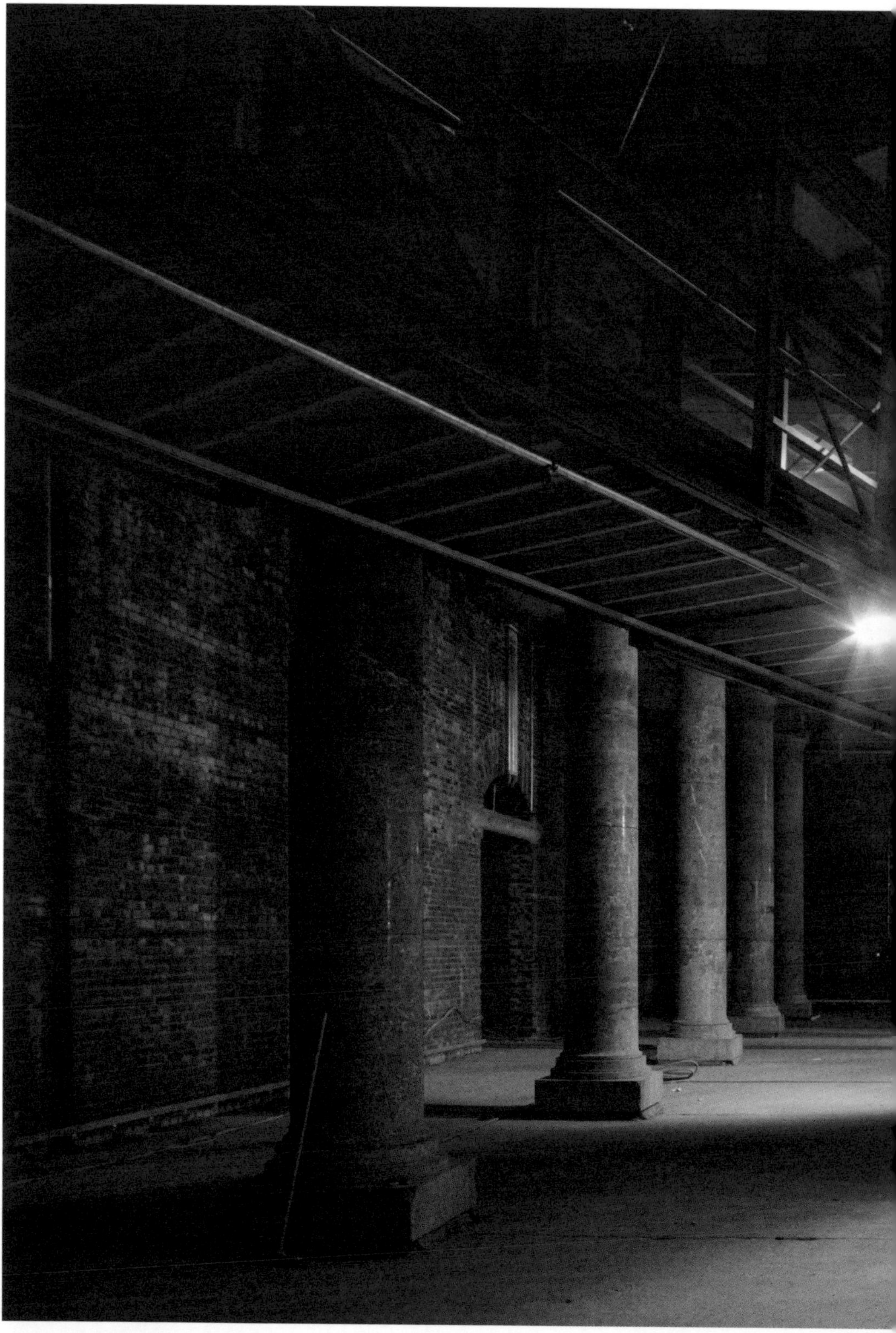

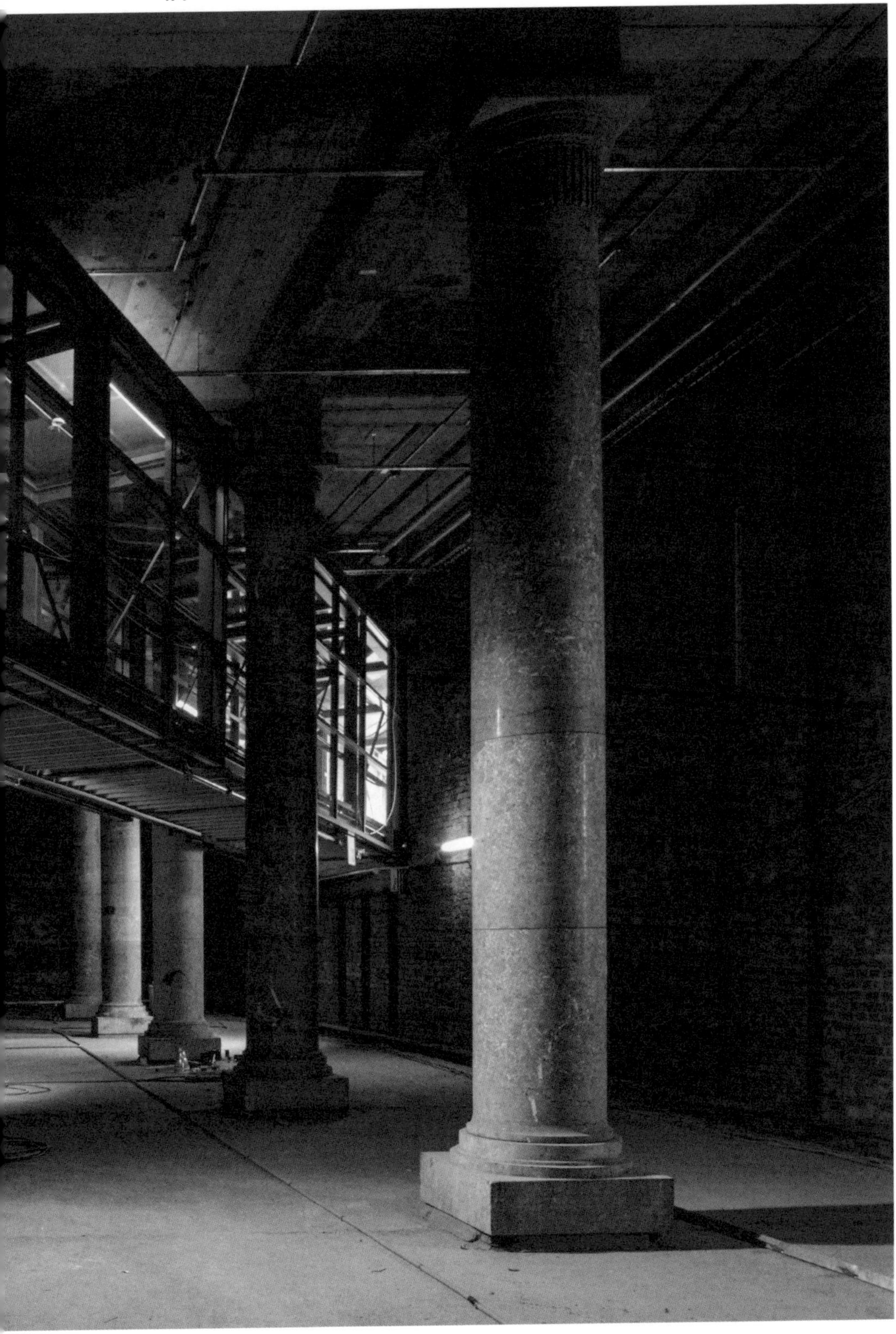

RESOWI-Zentrum
RESOWI Centre
Center RESOWI

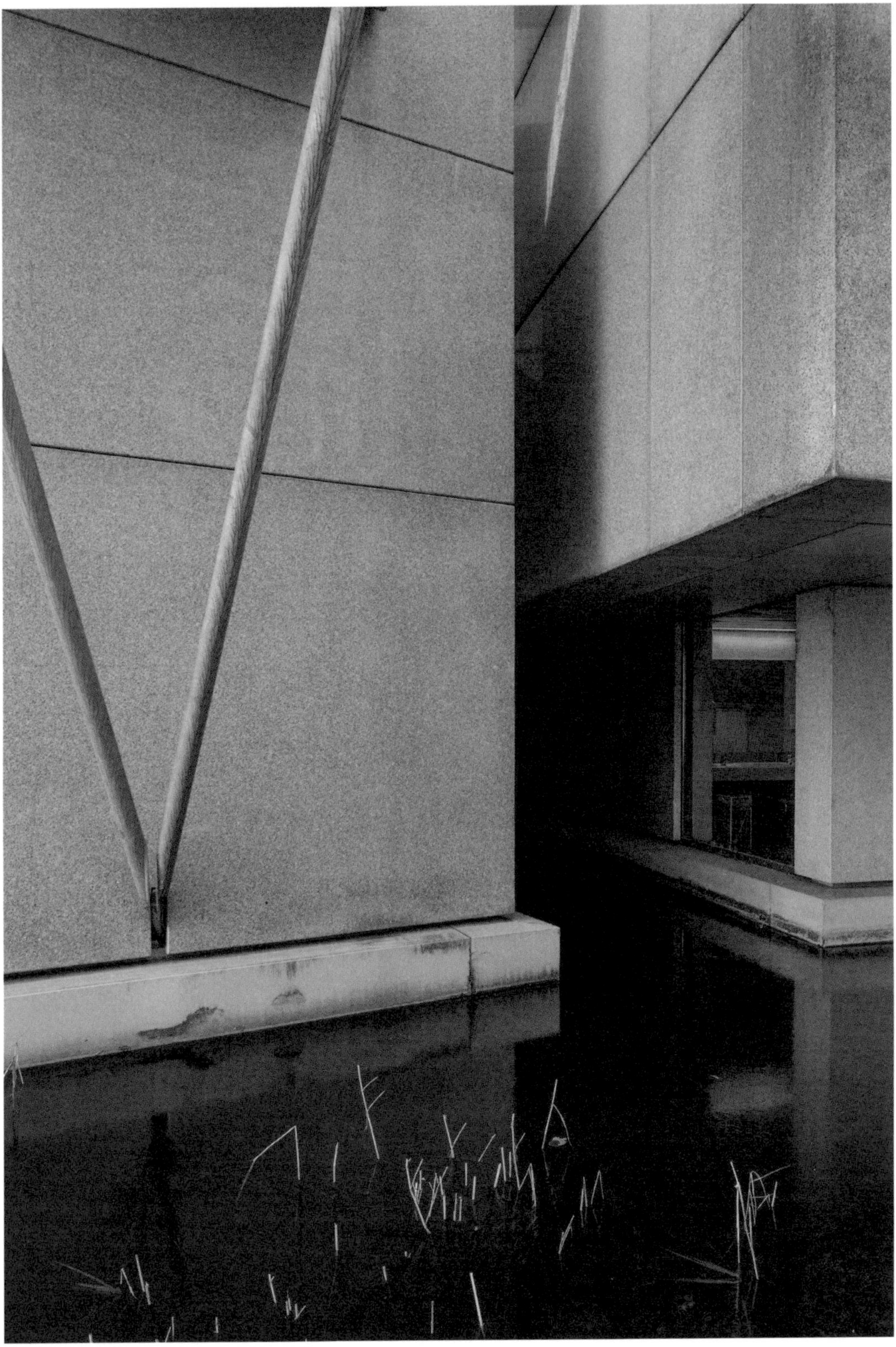

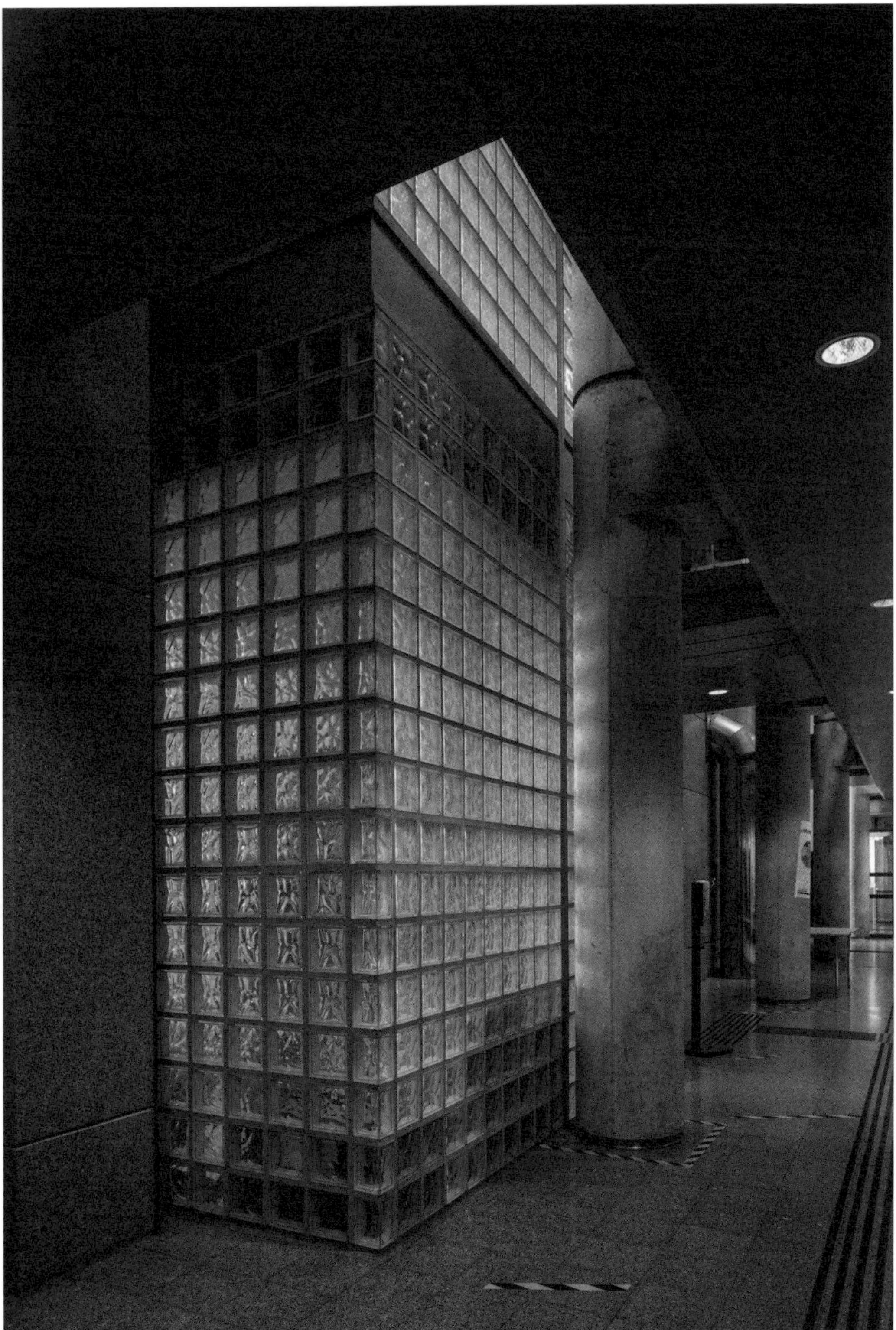

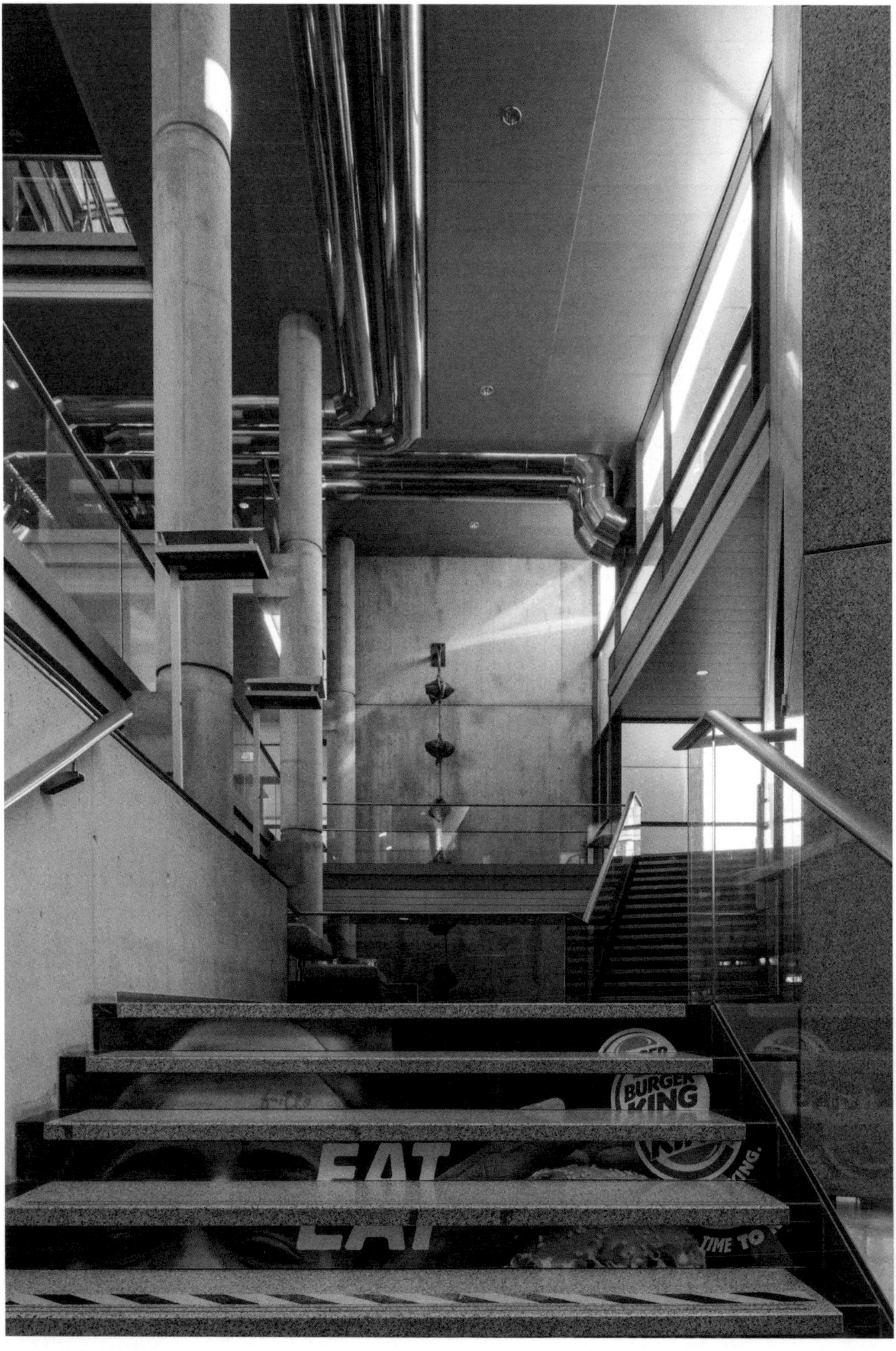
BURGER KING
EAT
TIME TO

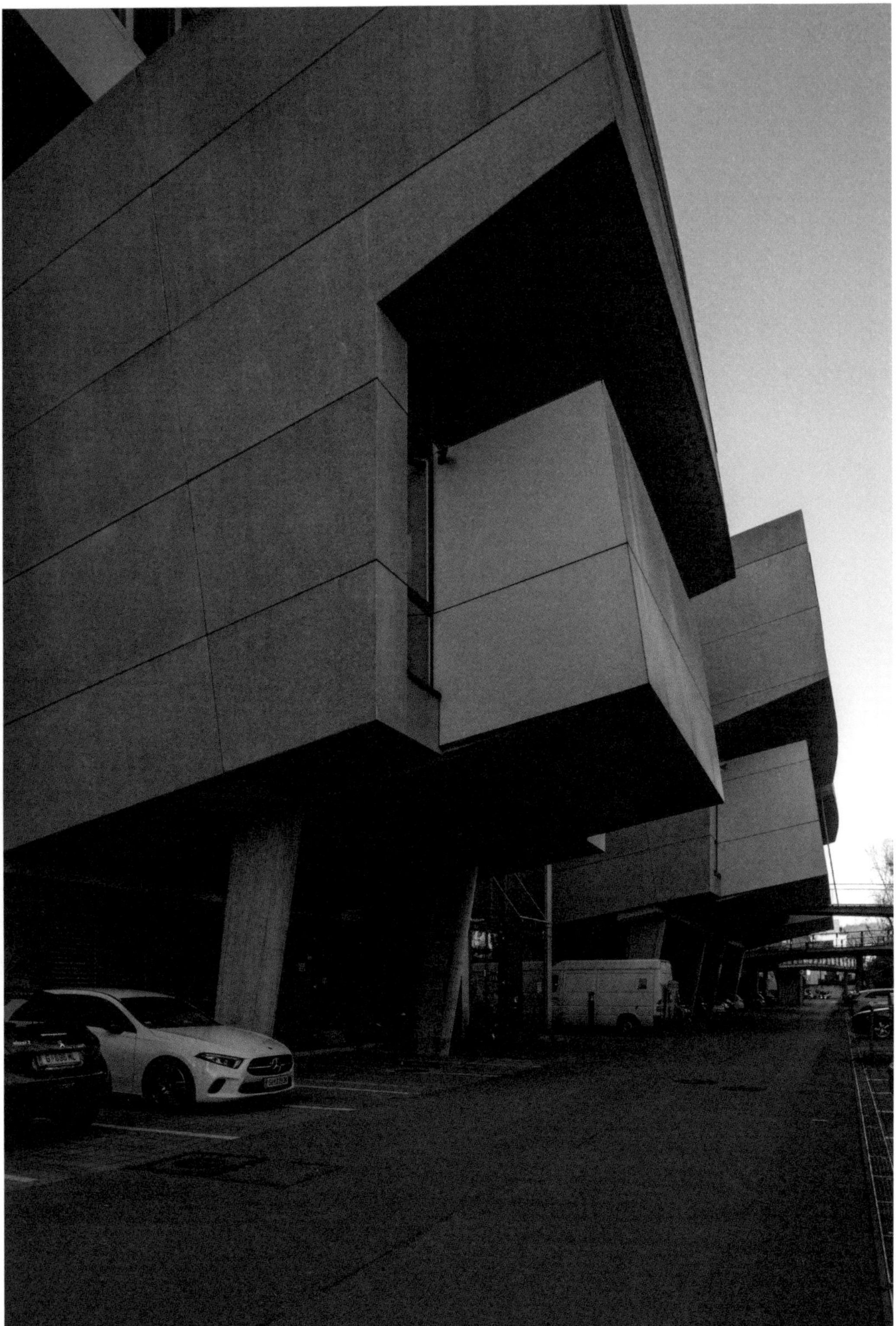

Boutique Rikki Reiner
Boutique Rikki Reiner
Butik Rikki Reiner

Schiffswerft Klagenfurt
Dockyard Klagenfurt
Ladjedelnica Celovec

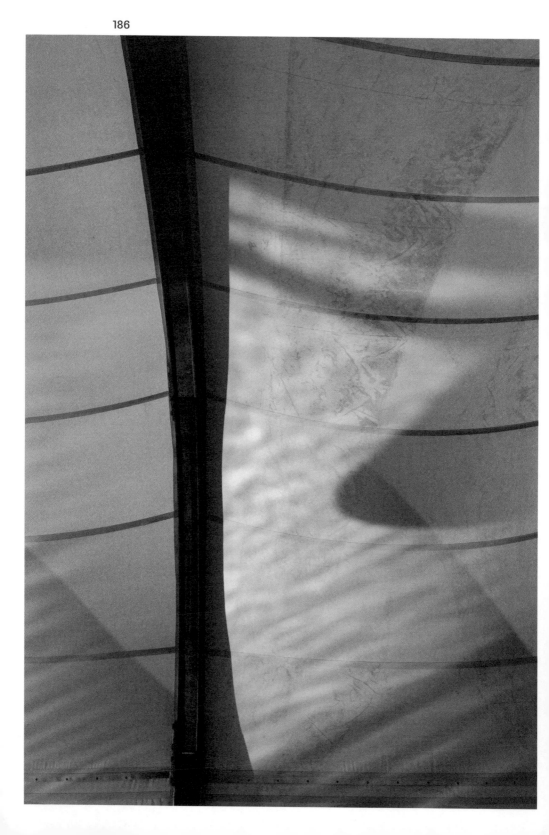

Schloss Neuhaus
Castle Neuhaus
Grad Neuhaus

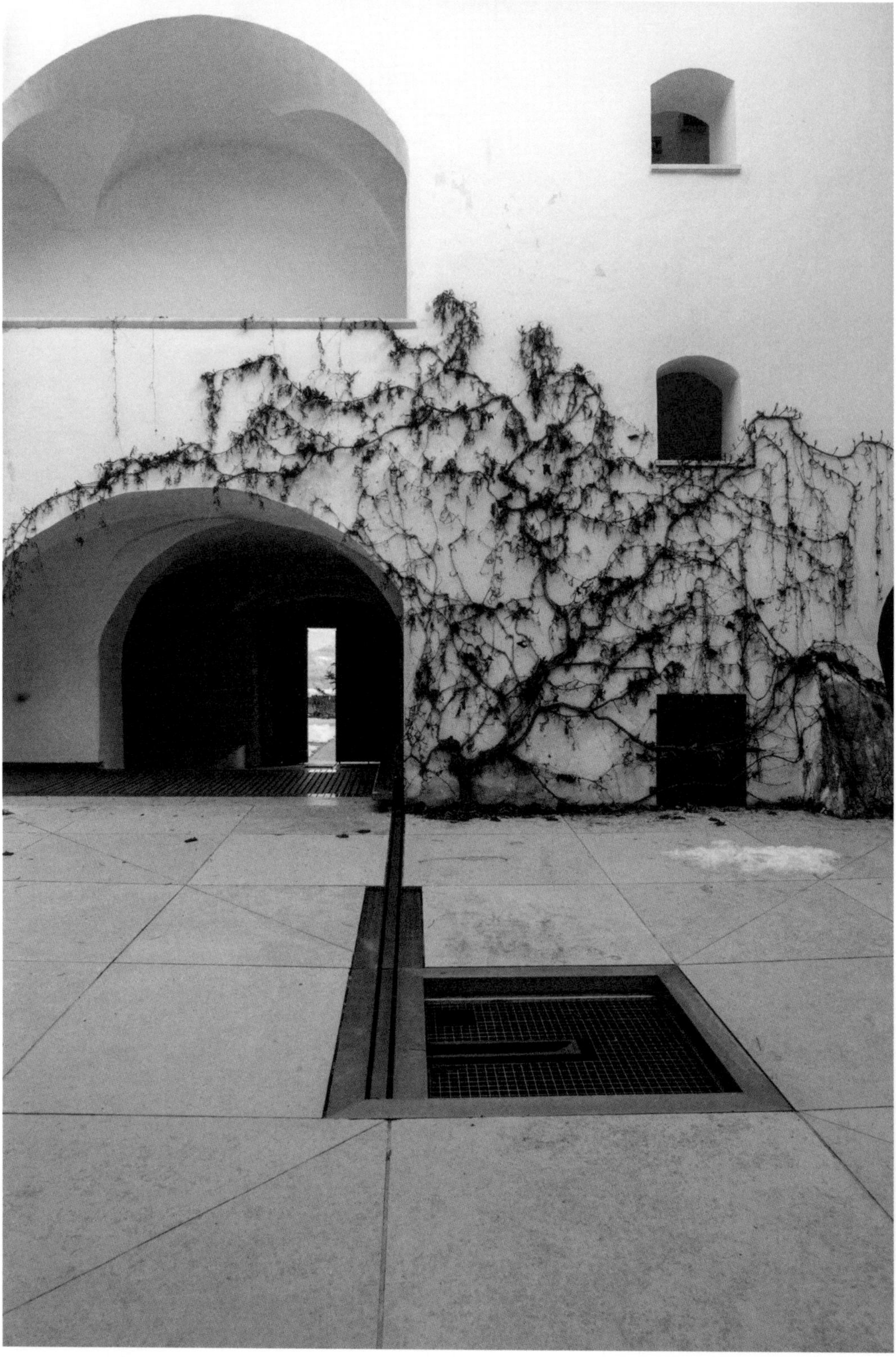

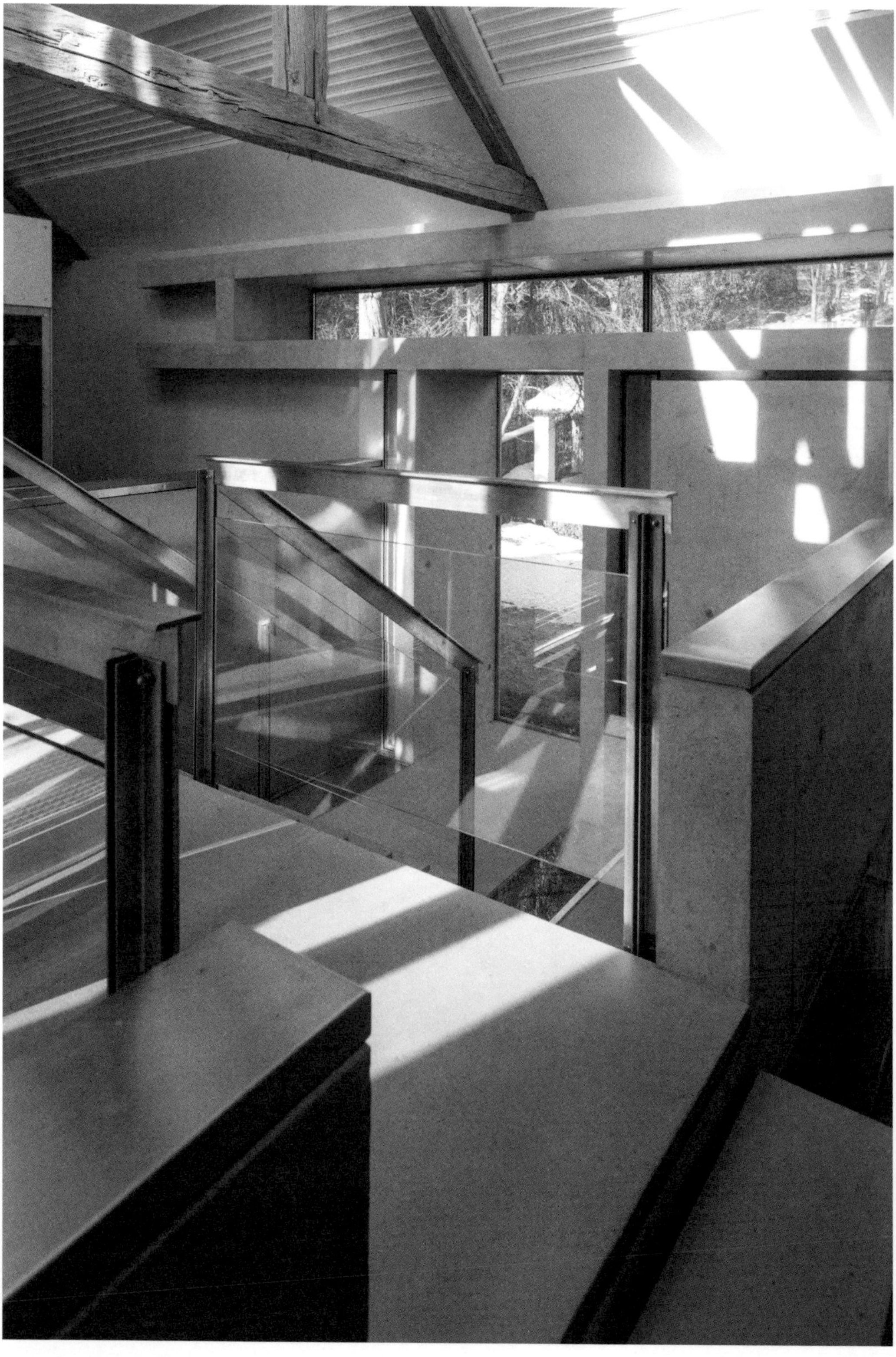

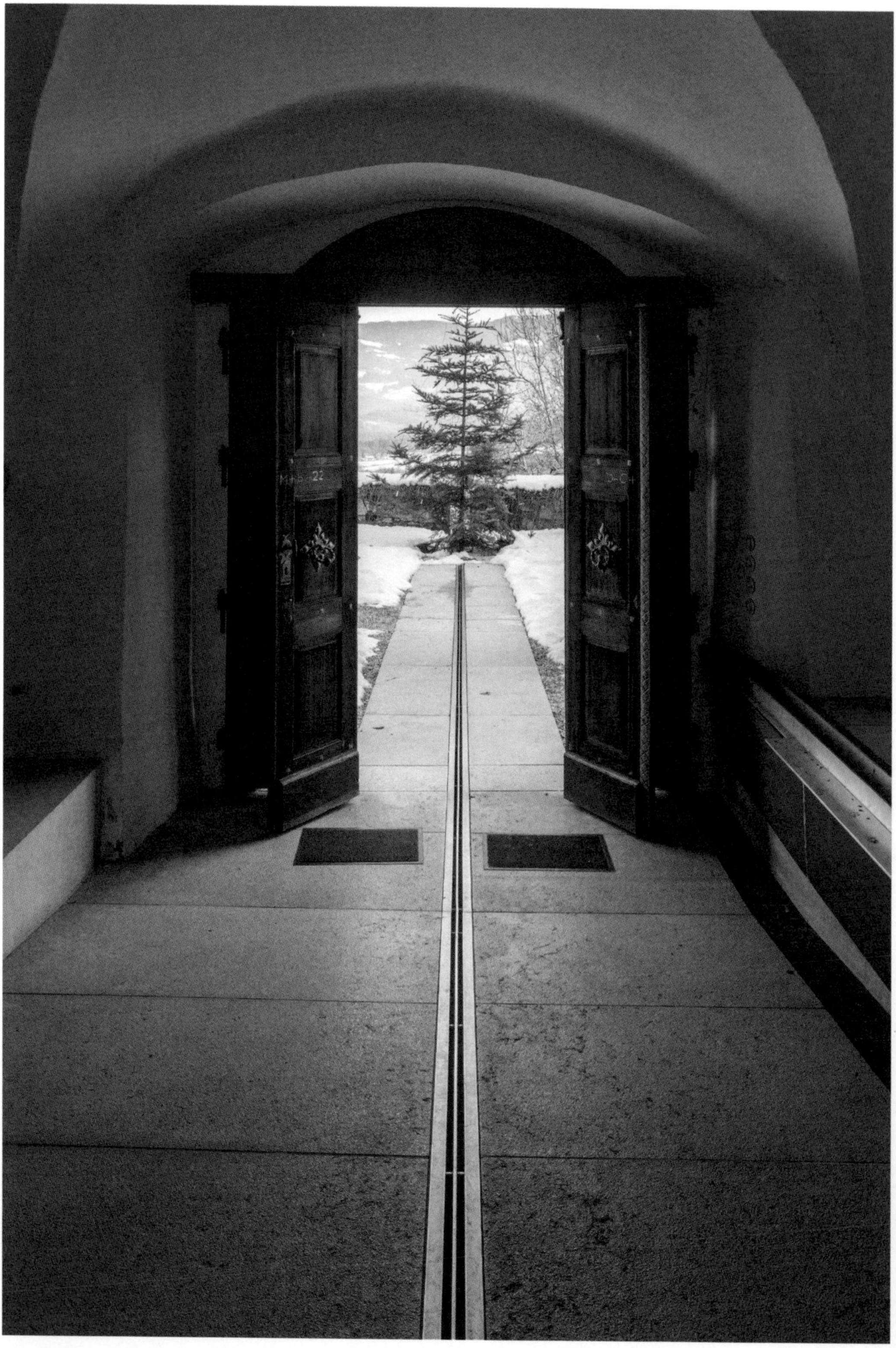

**Mehrzweckhalle der
Schulschwestern, Graz-Eggenberg**
Multipurpose Hall at the
Schulschwestern, Graz-Eggenberg
Večnamenska dvorana šolskih sester,
Gradec-Eggenberg

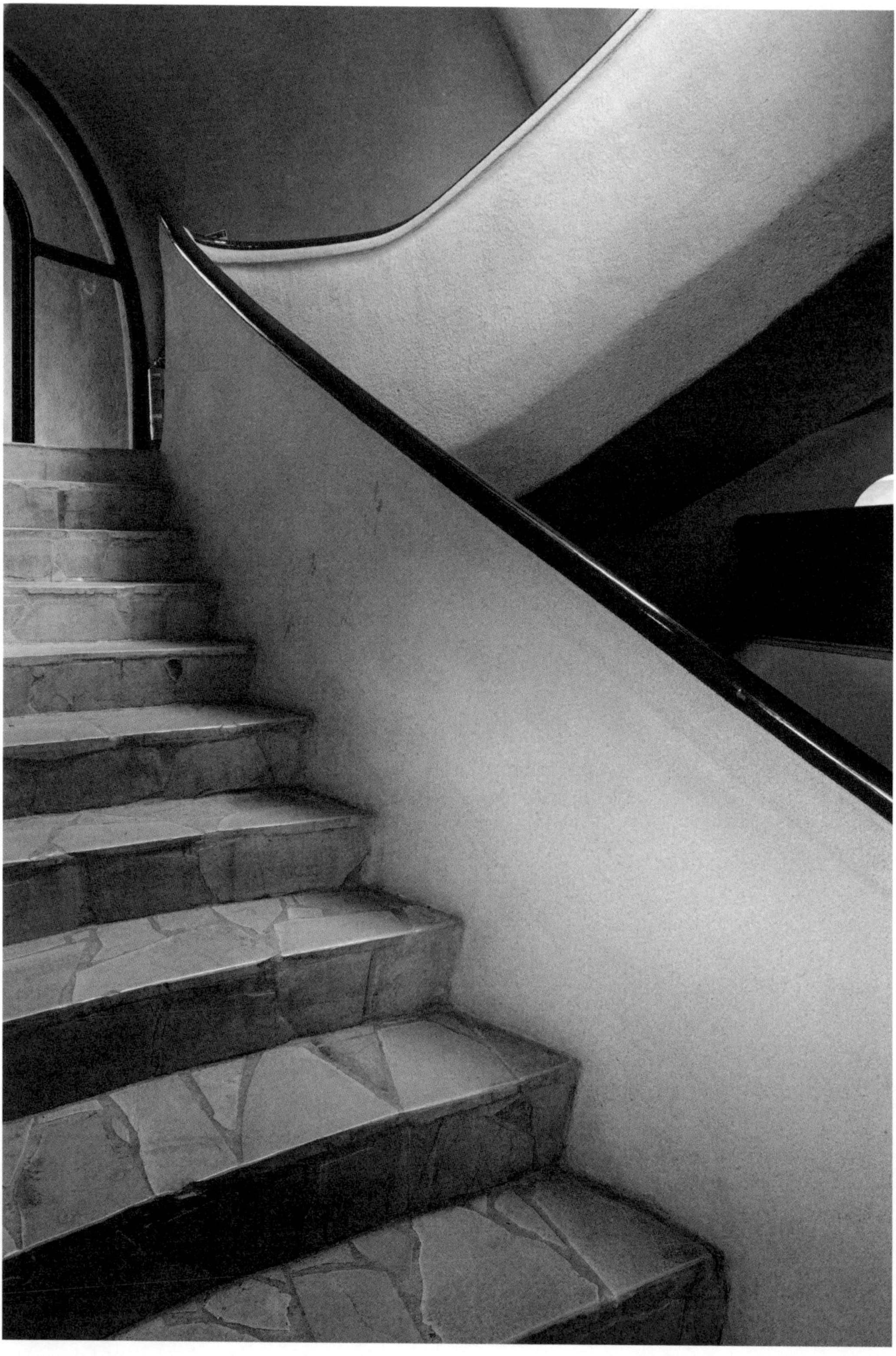

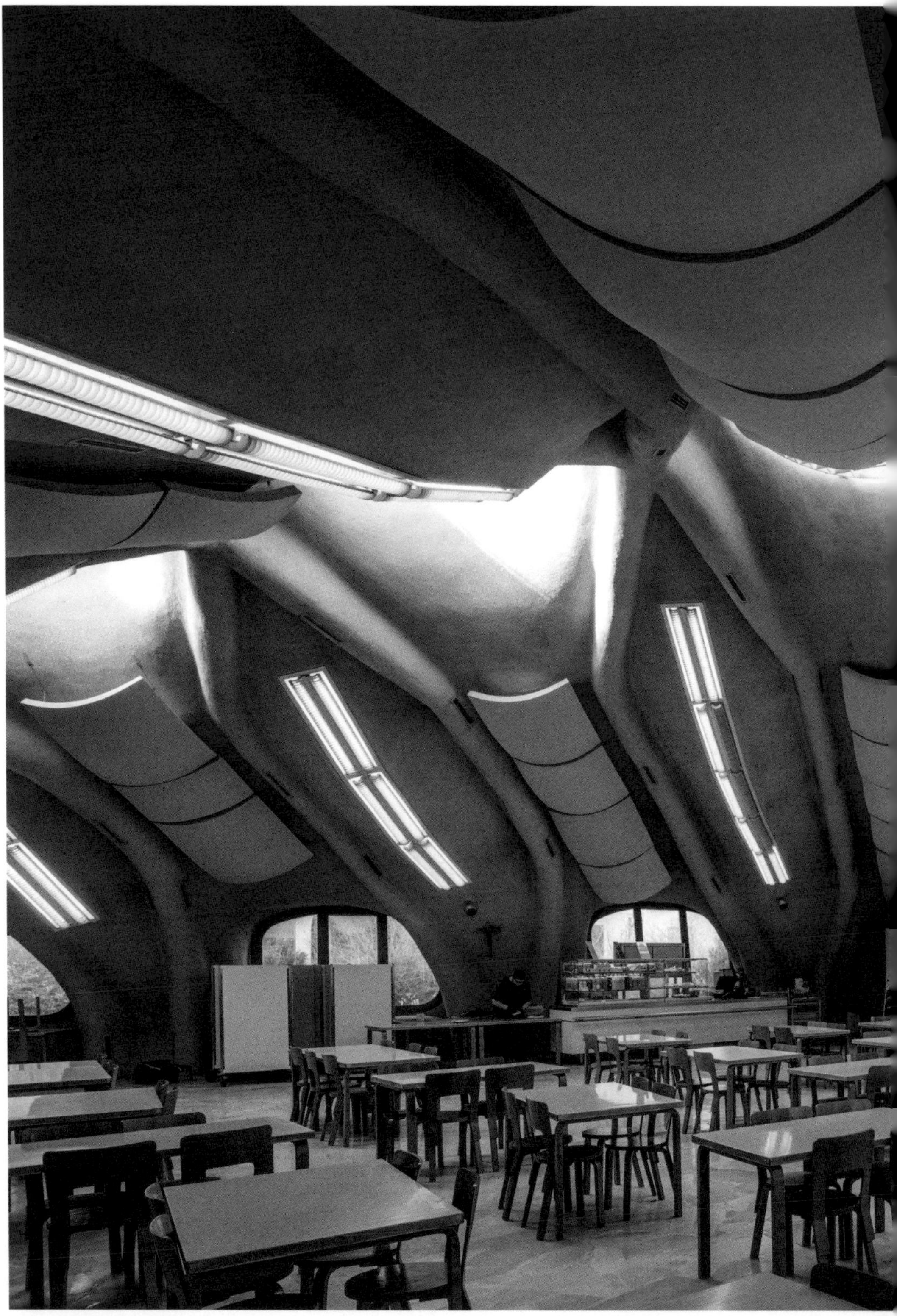

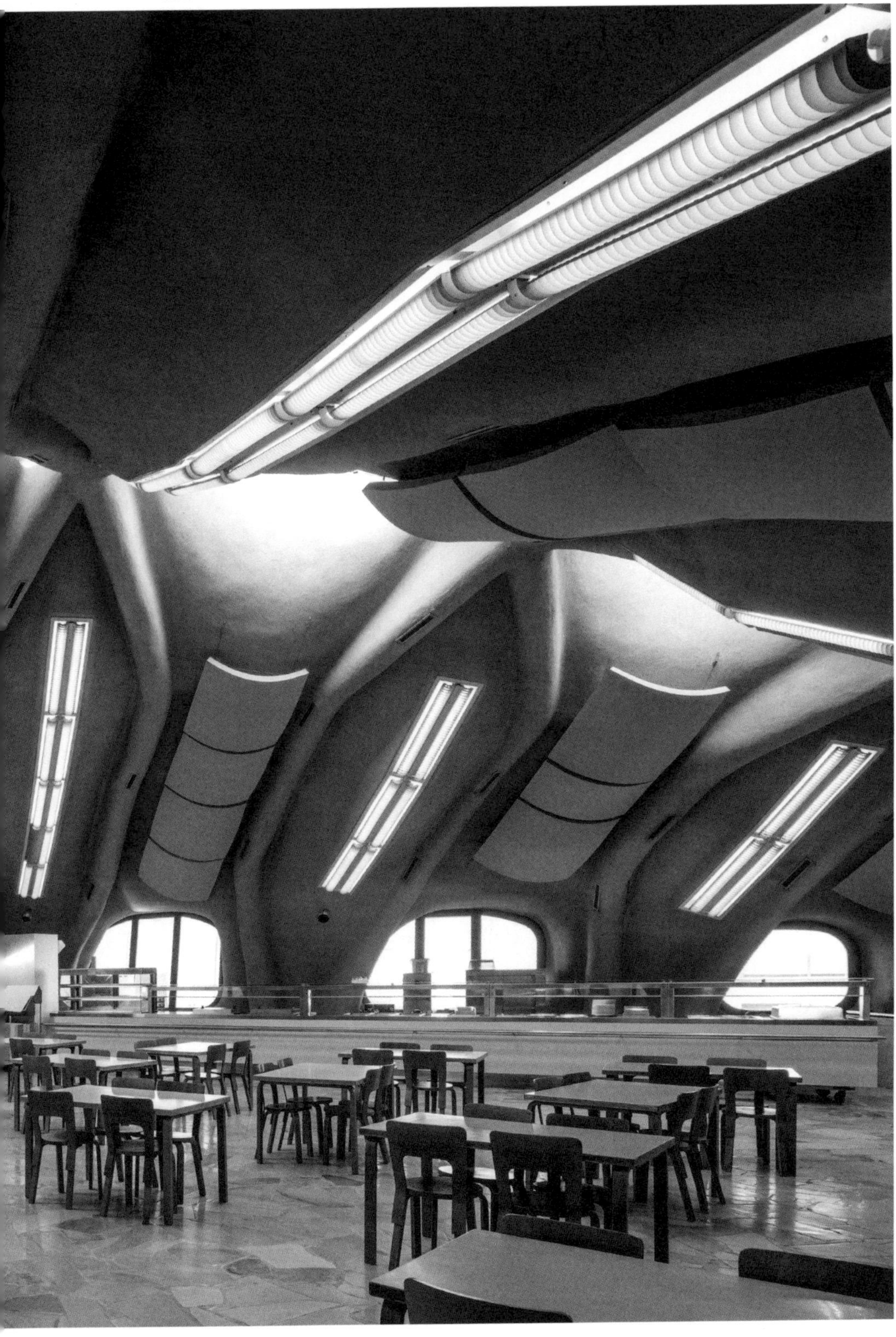

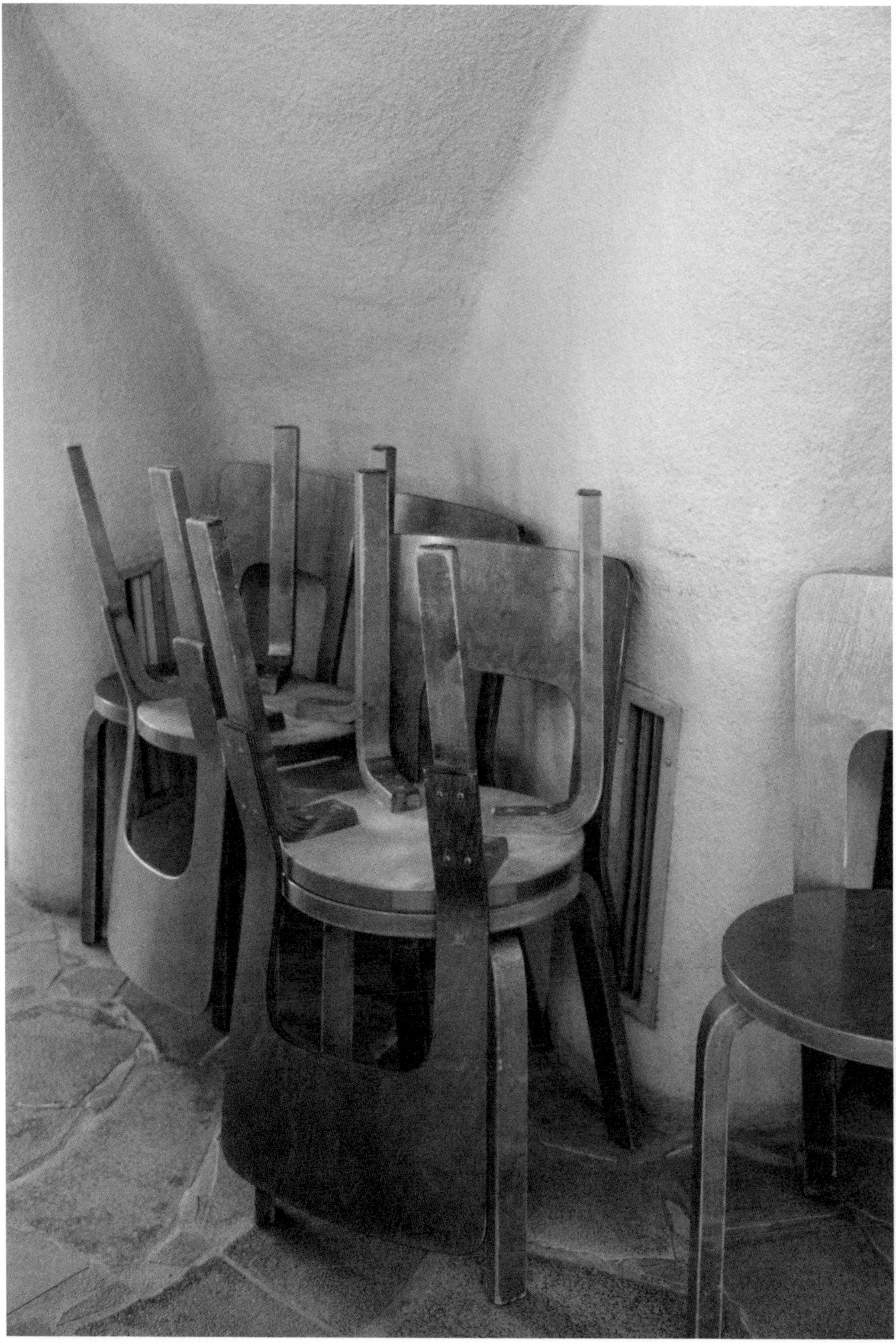

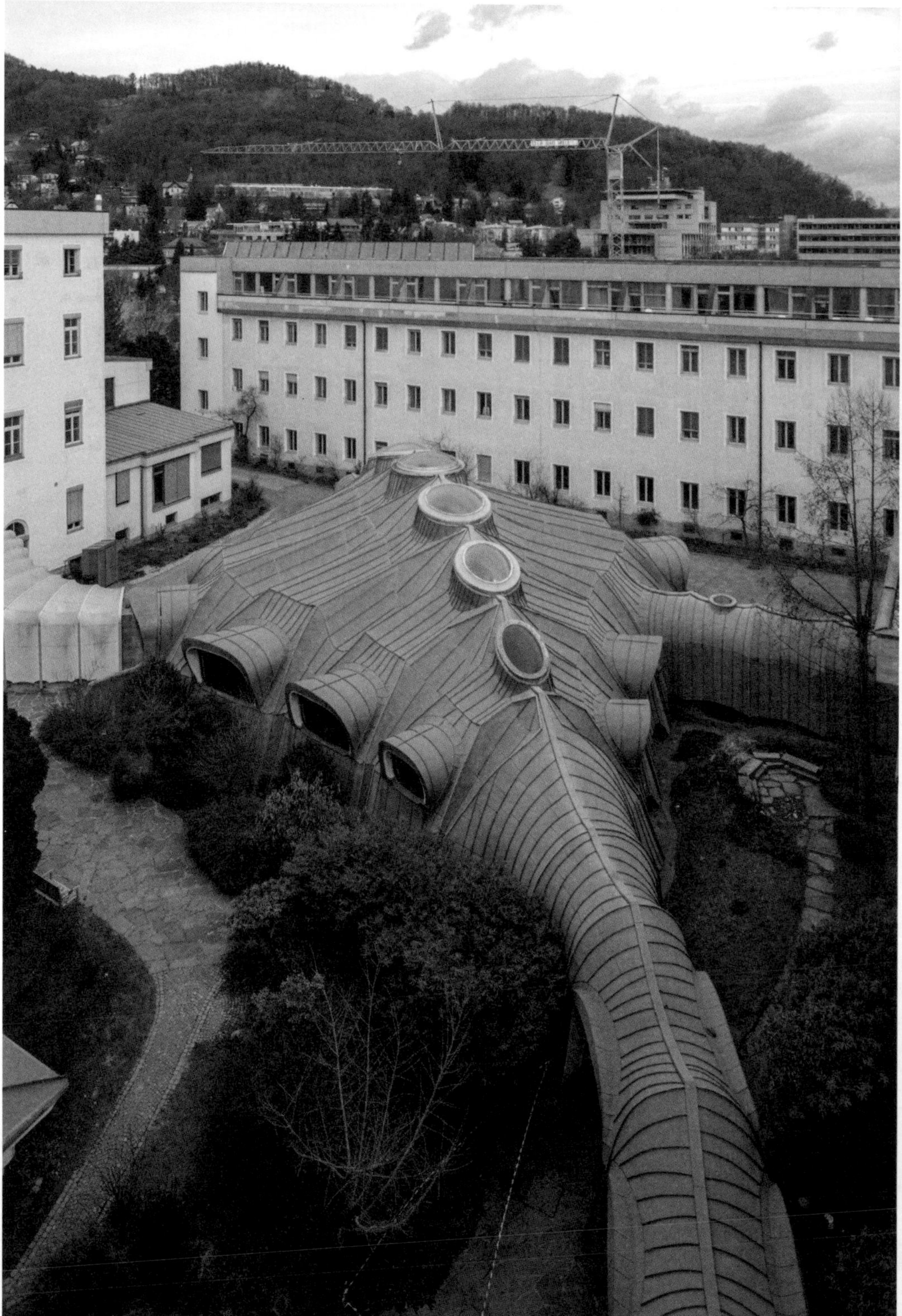

Spar Dietrichsteinplatz
Spar Dietrichsteinplatz
Spar Dietrichsteinplatz

Stadttheater Klagenfurt
Municipal Theater Klagenfurt
Mestno gledališče Celovec

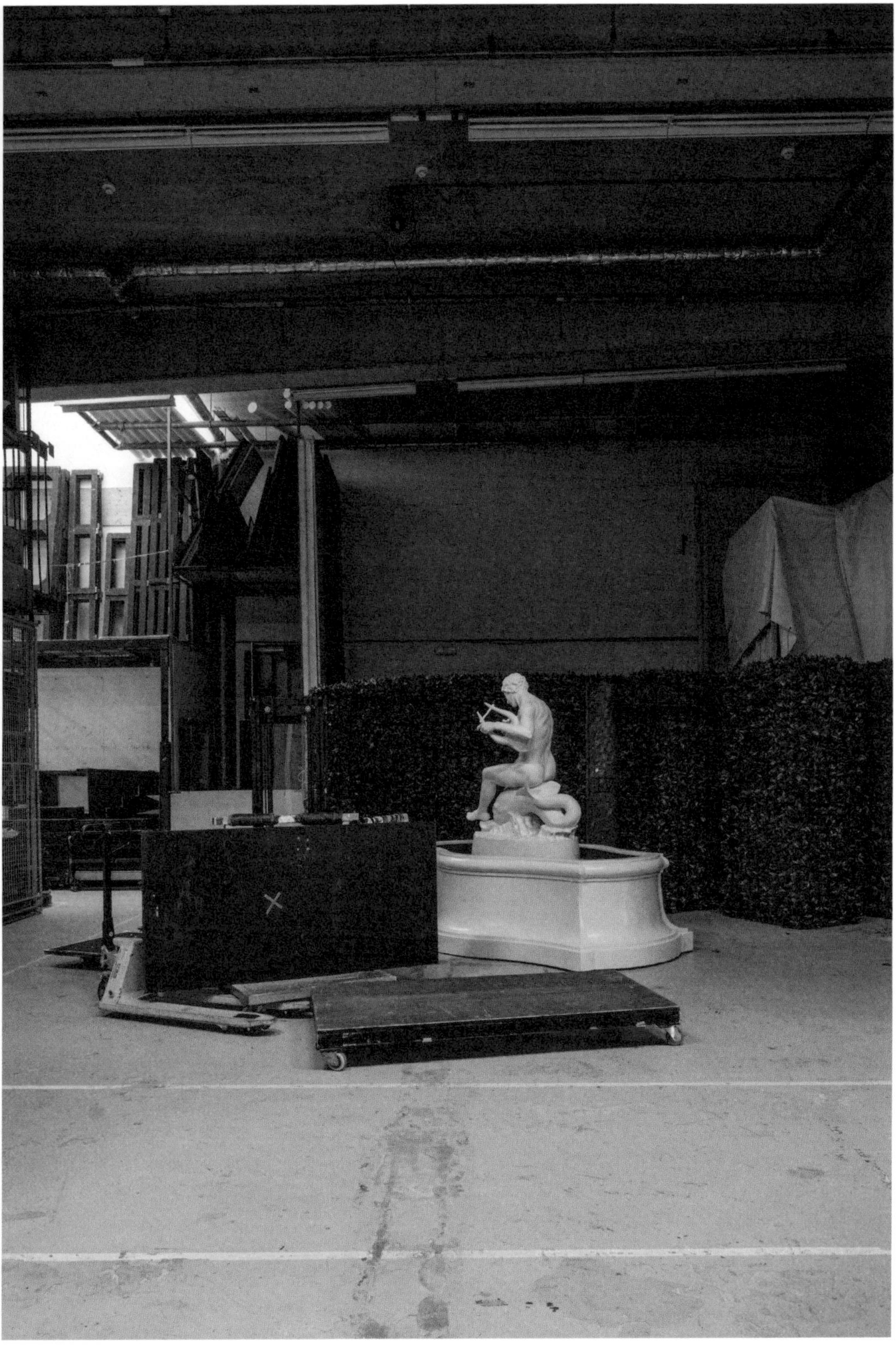

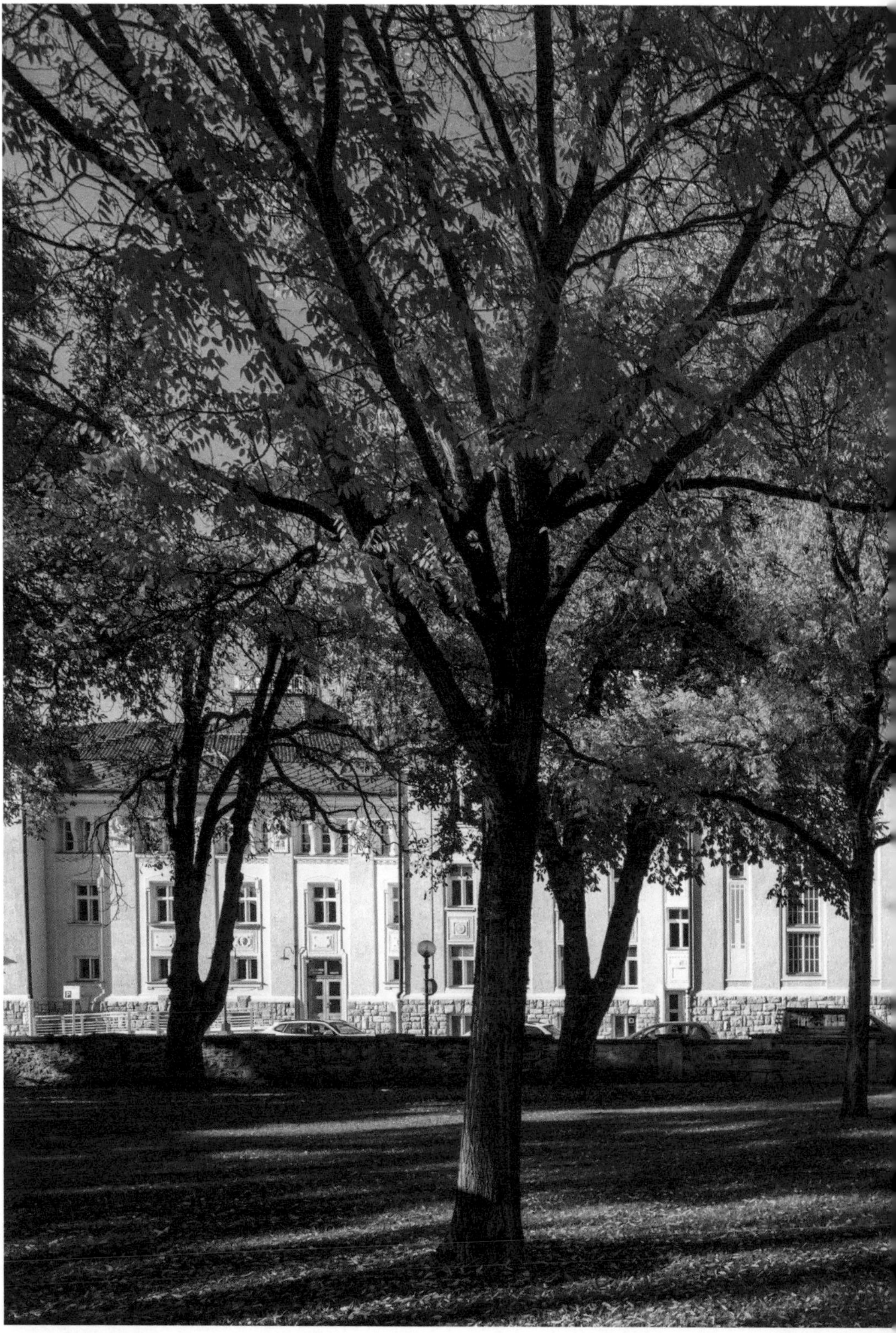

Steinhaus
Steinhaus
Steinhaus

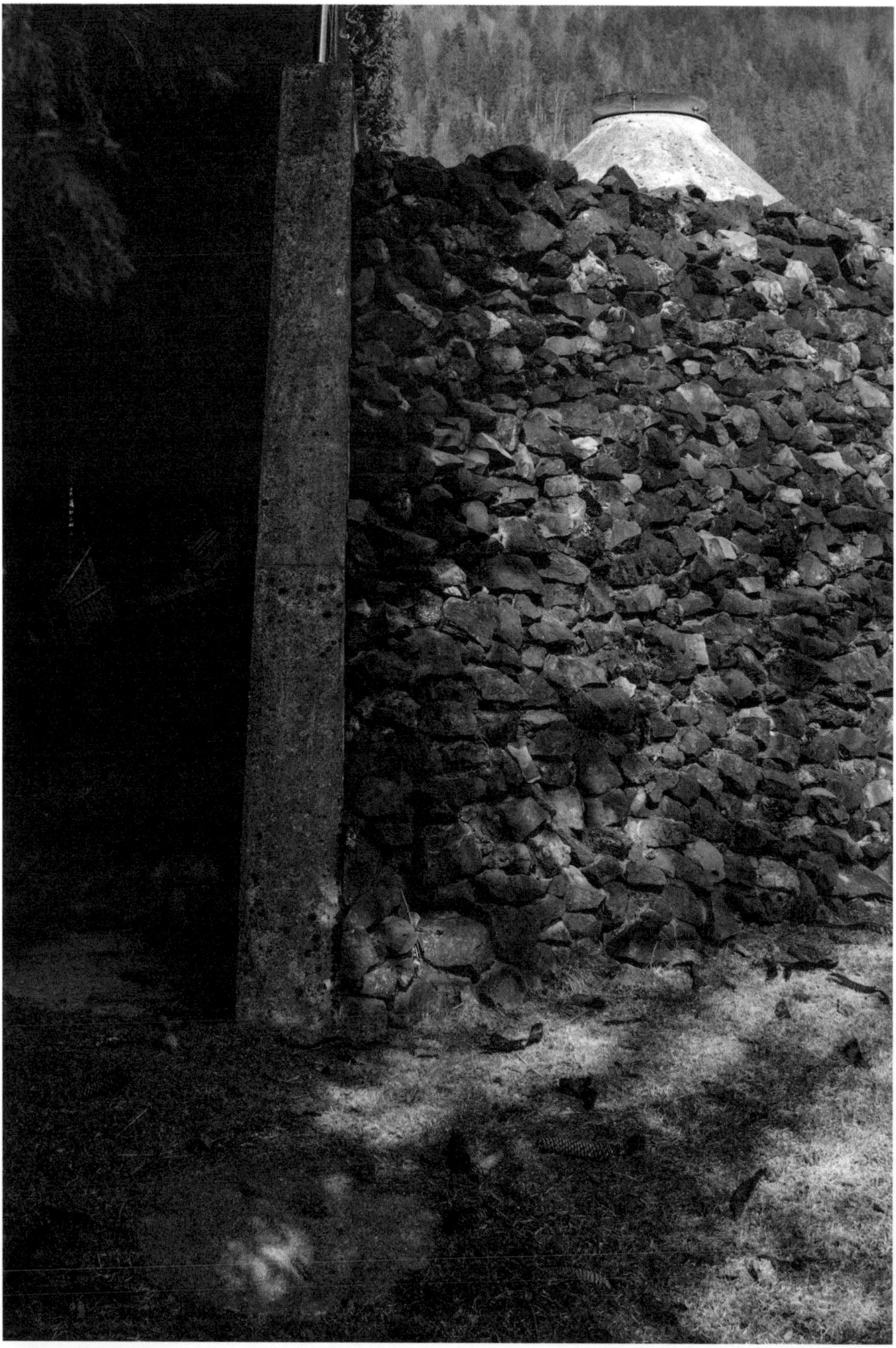

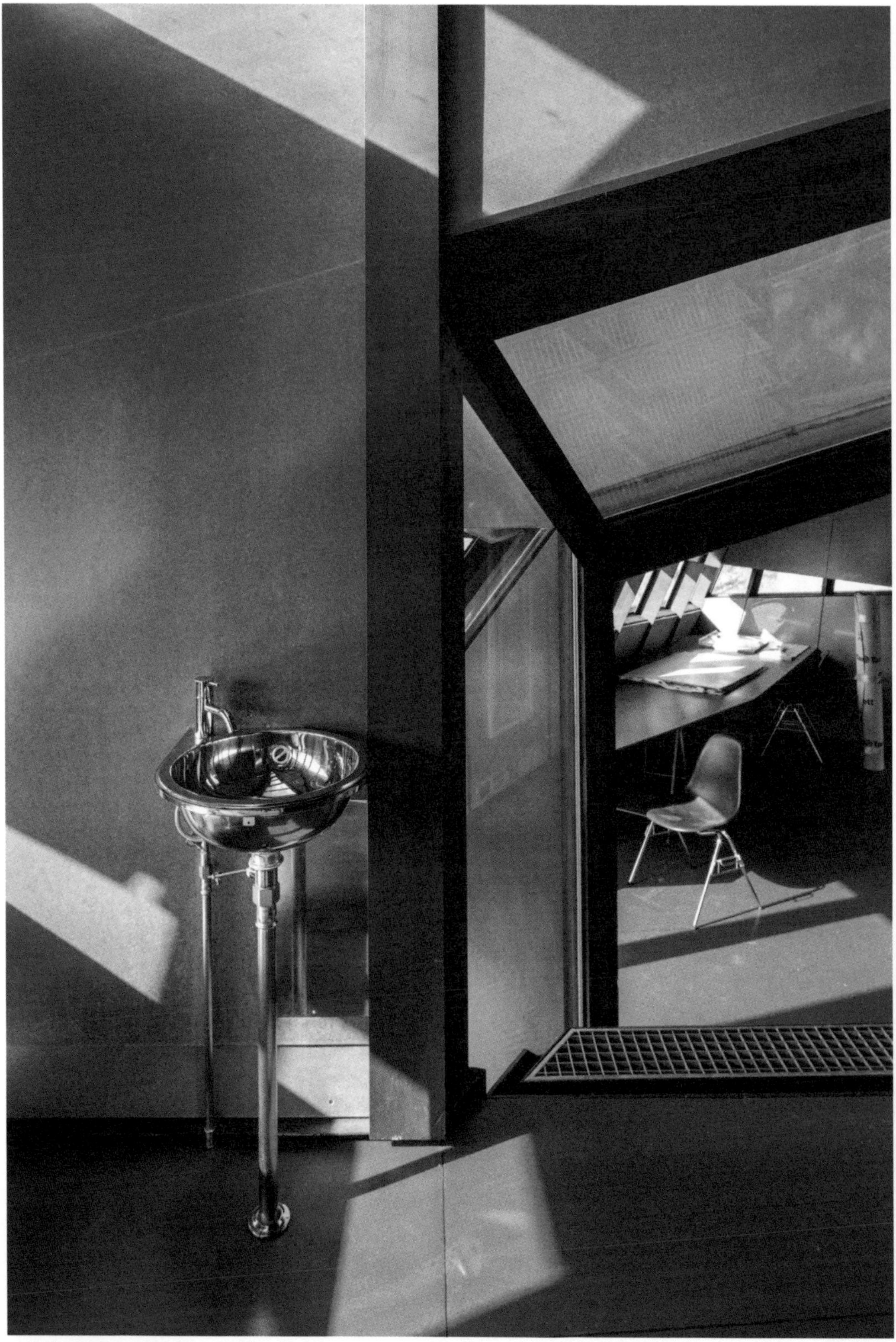

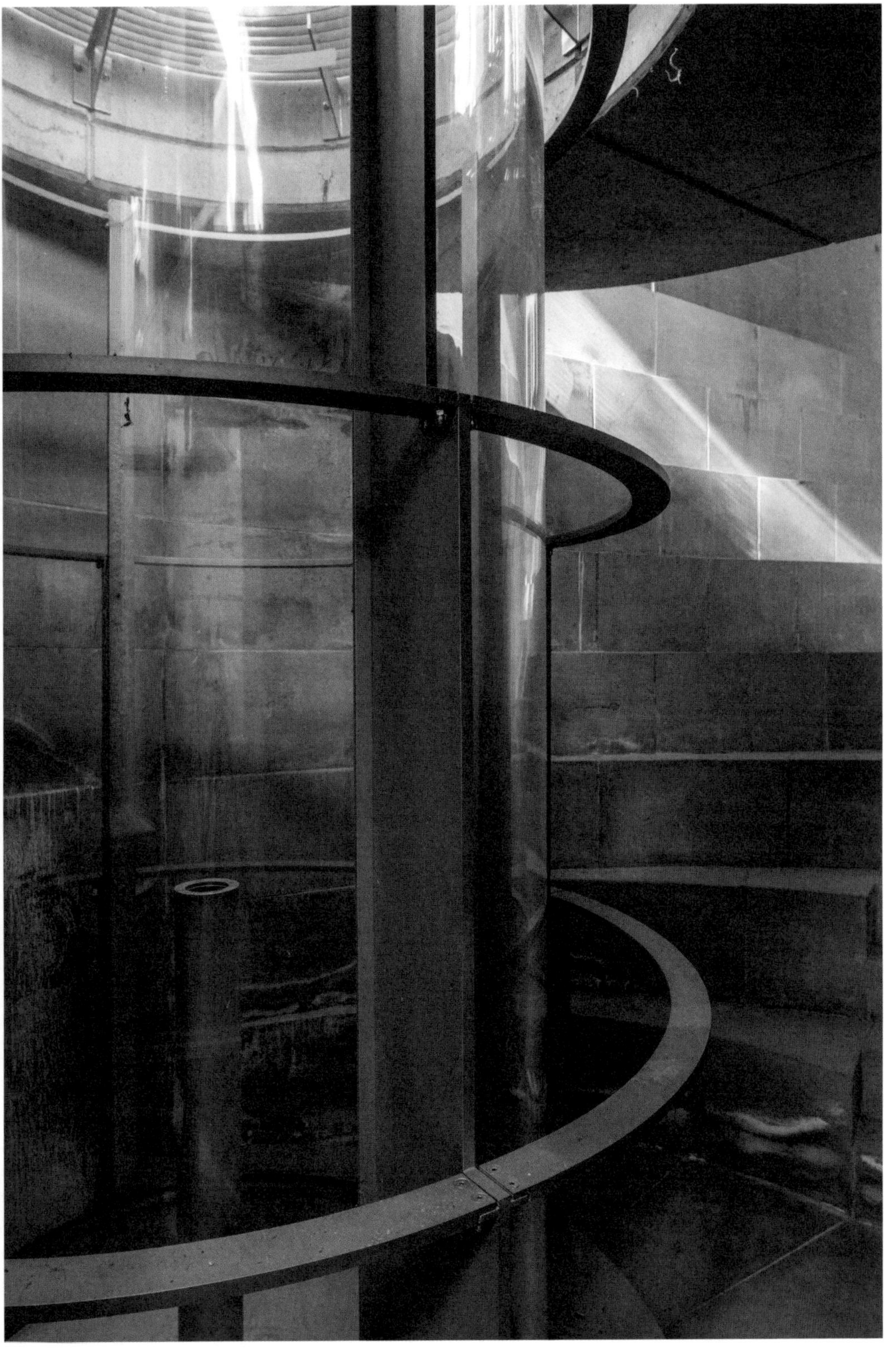

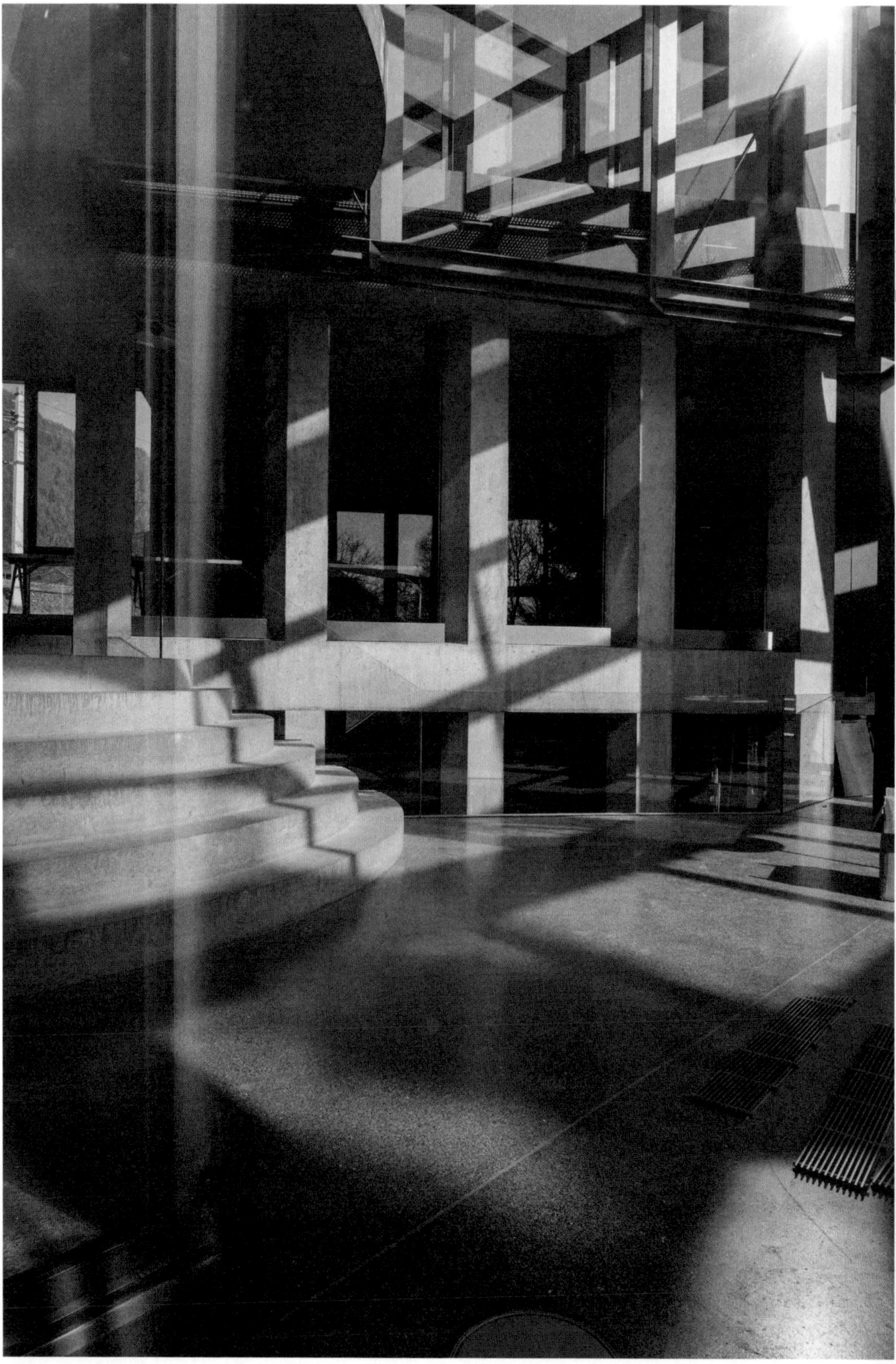

T-Center St. Marx
T-Center St. Marx
T-Center St. Marx

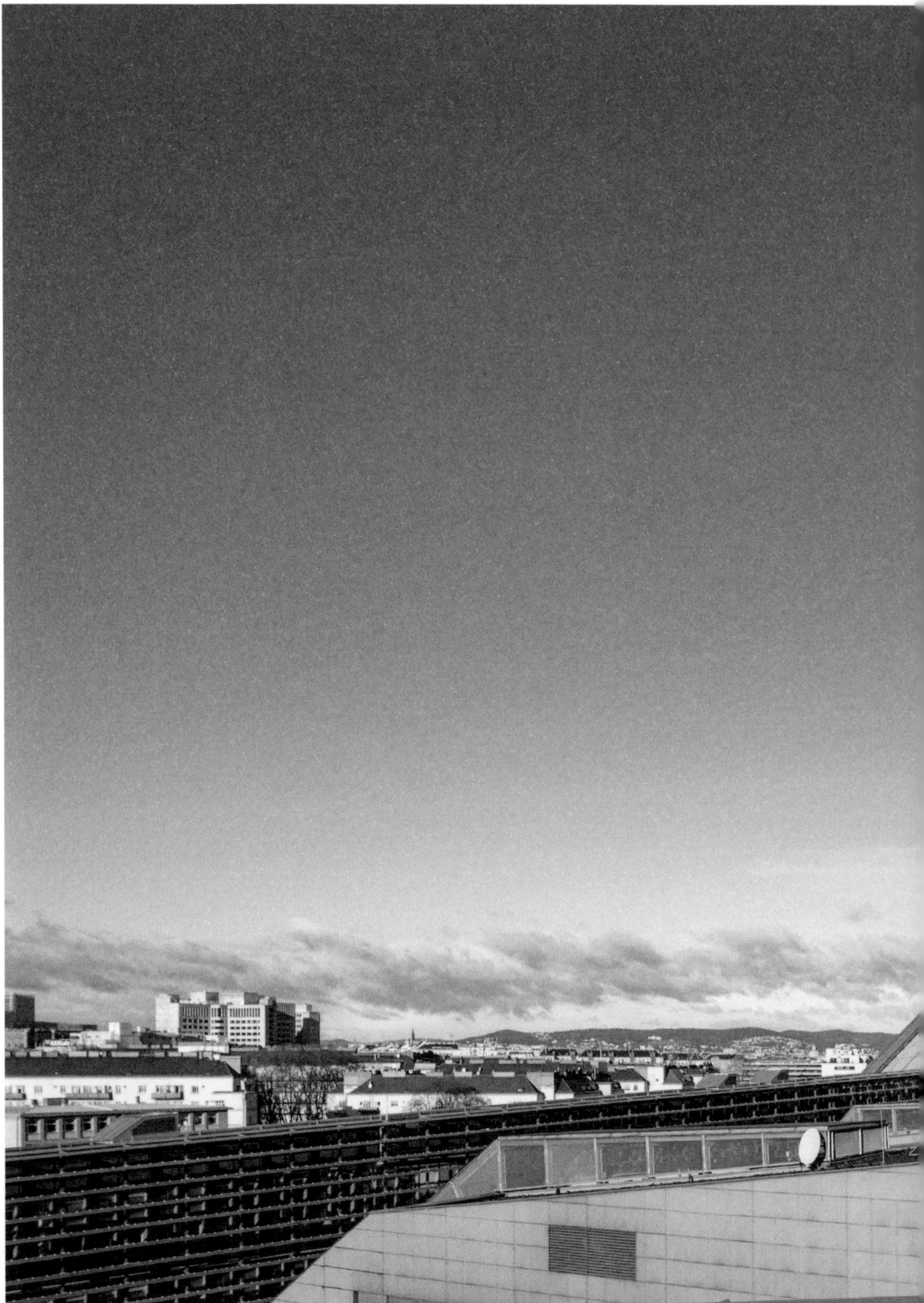

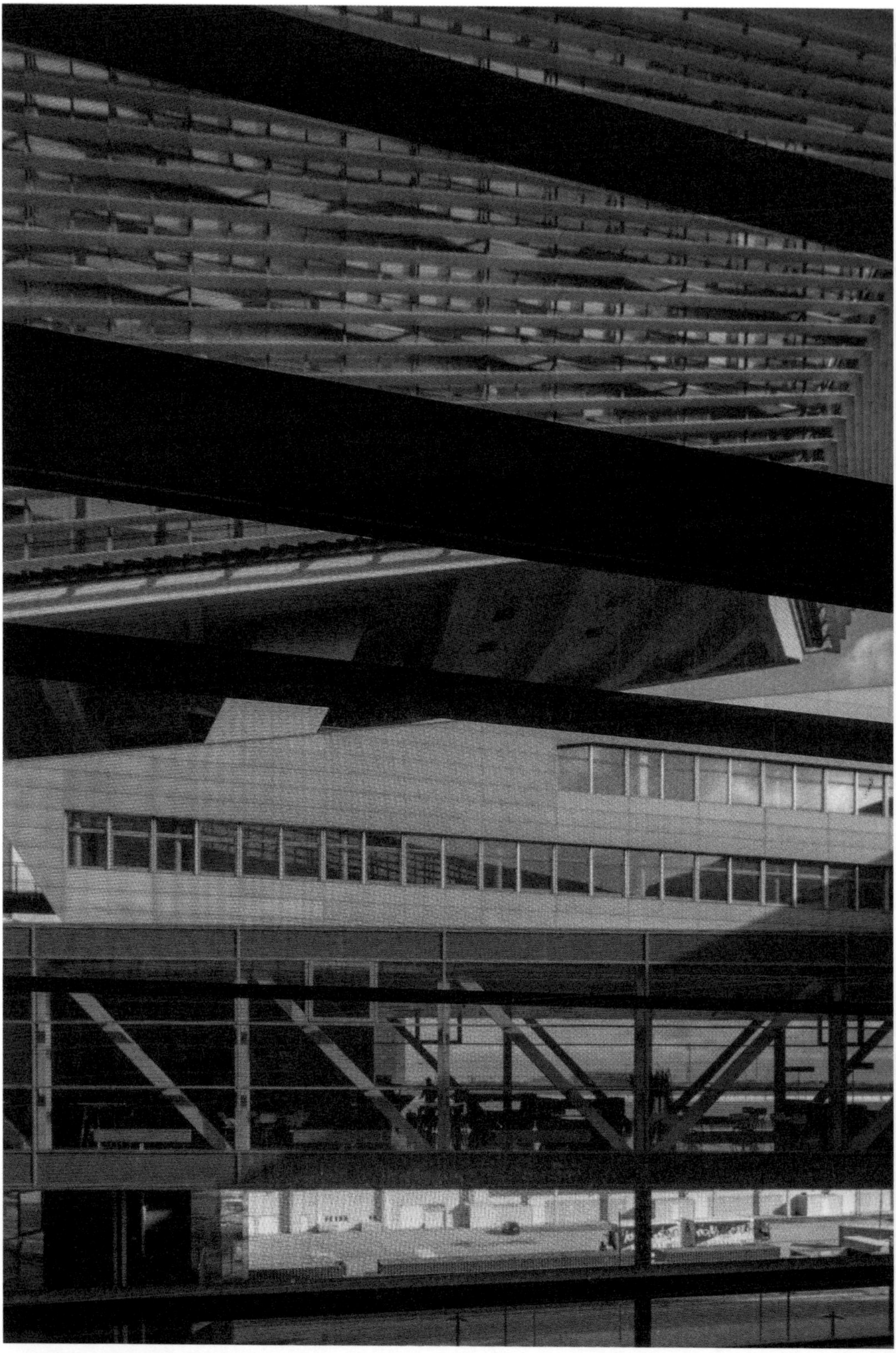

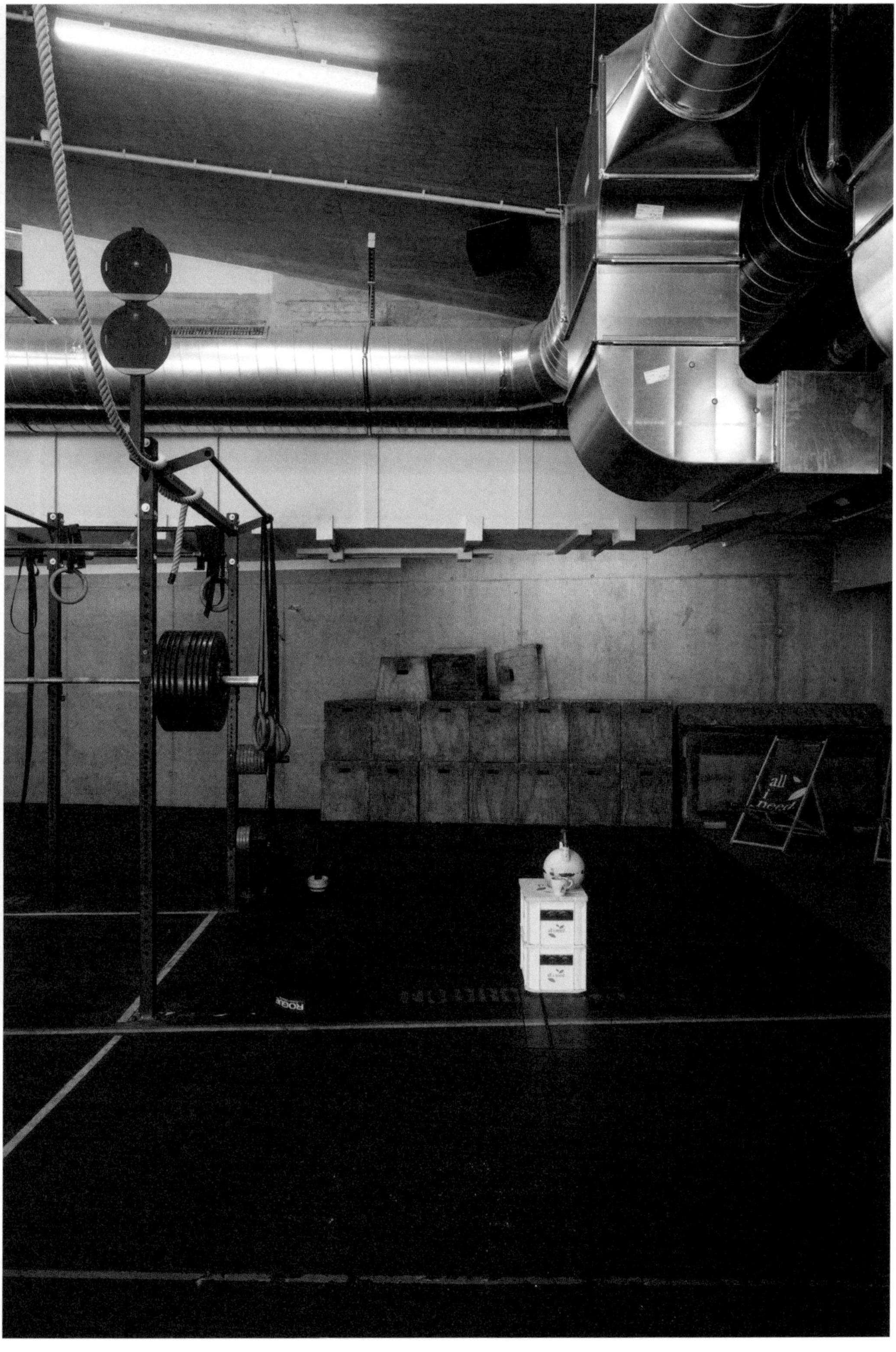
all
I
need

Portal Neumüller
Portal Neumüller
Portal Neumüller

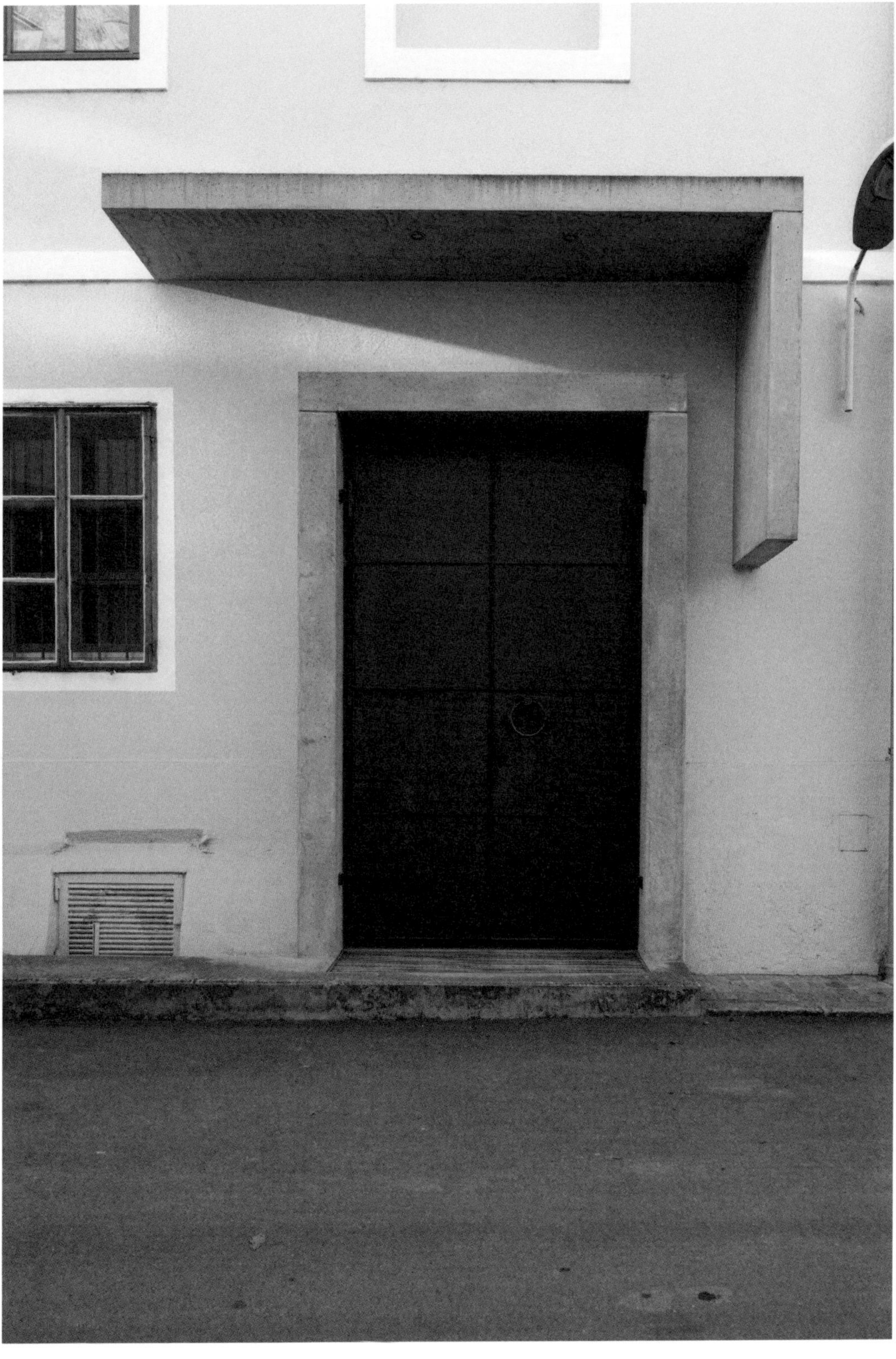

Treibacher Industrie AG
Treibacher Industrie AG
Treibacher Industrie AG

Technische Universität Graz
Graz University of Technology
Tehniška univerza v Gradcu

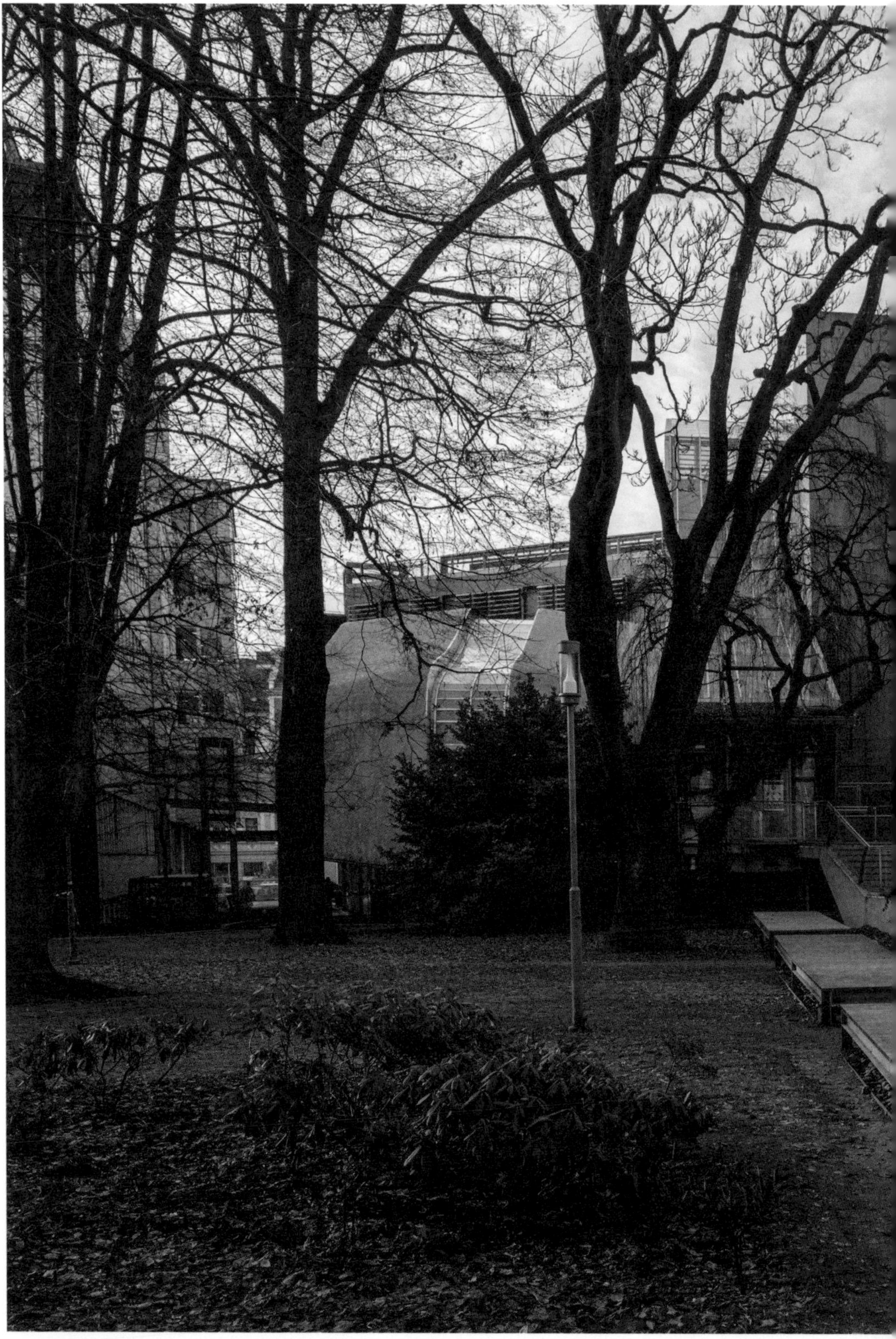

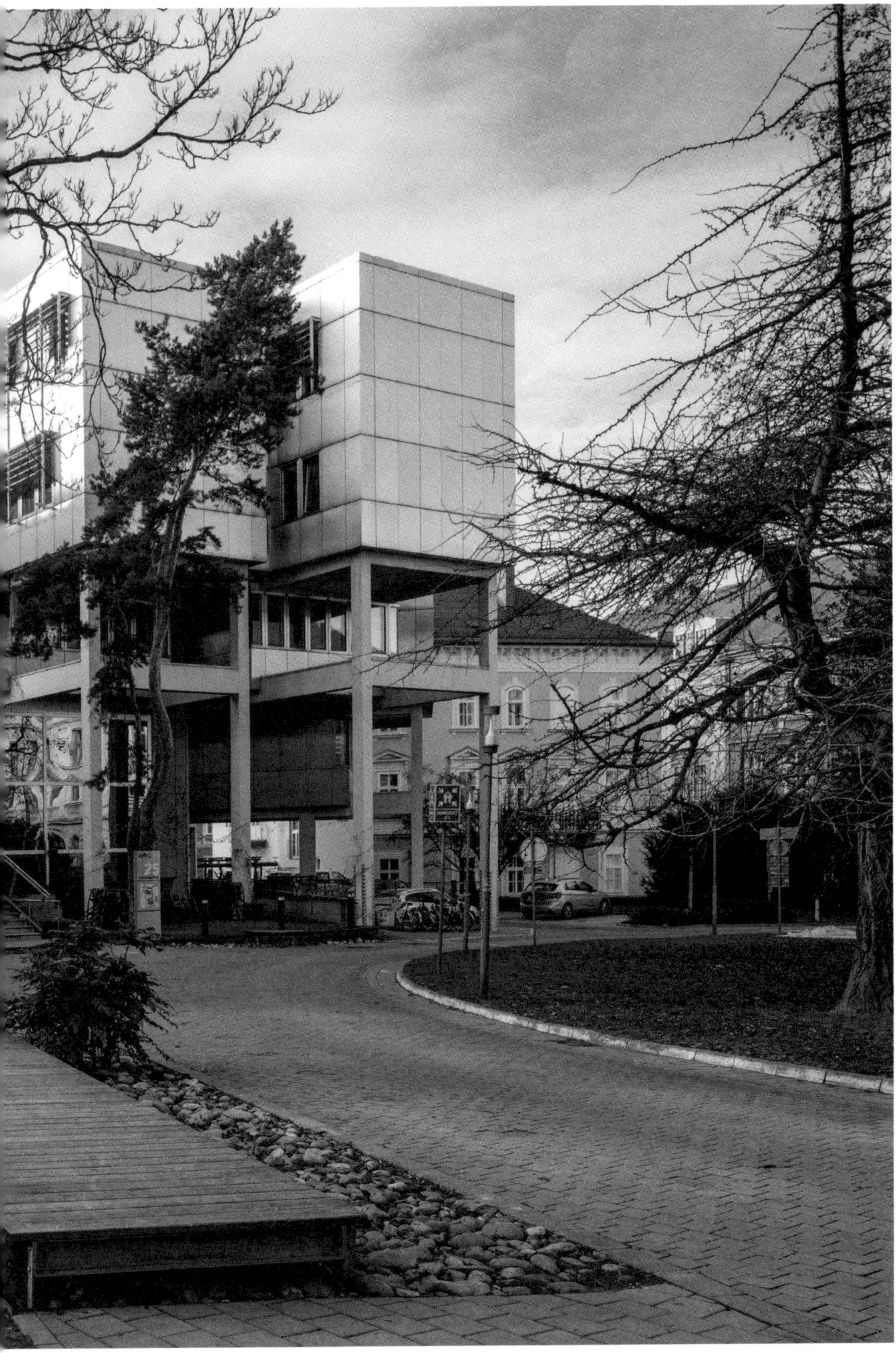

Zentralsparkasse
Zentralsparkasse
Hranilnica Zentralsparkasse

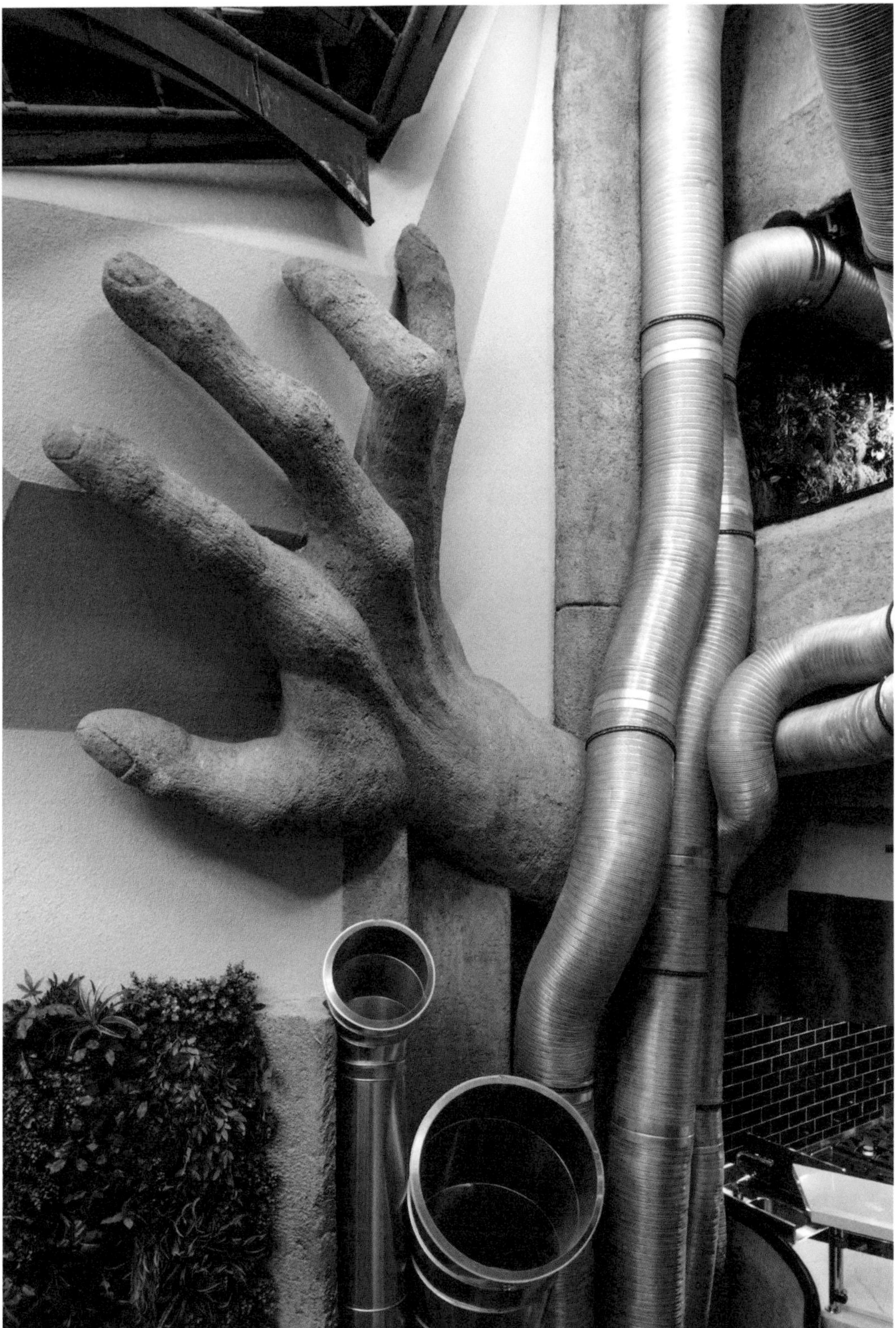

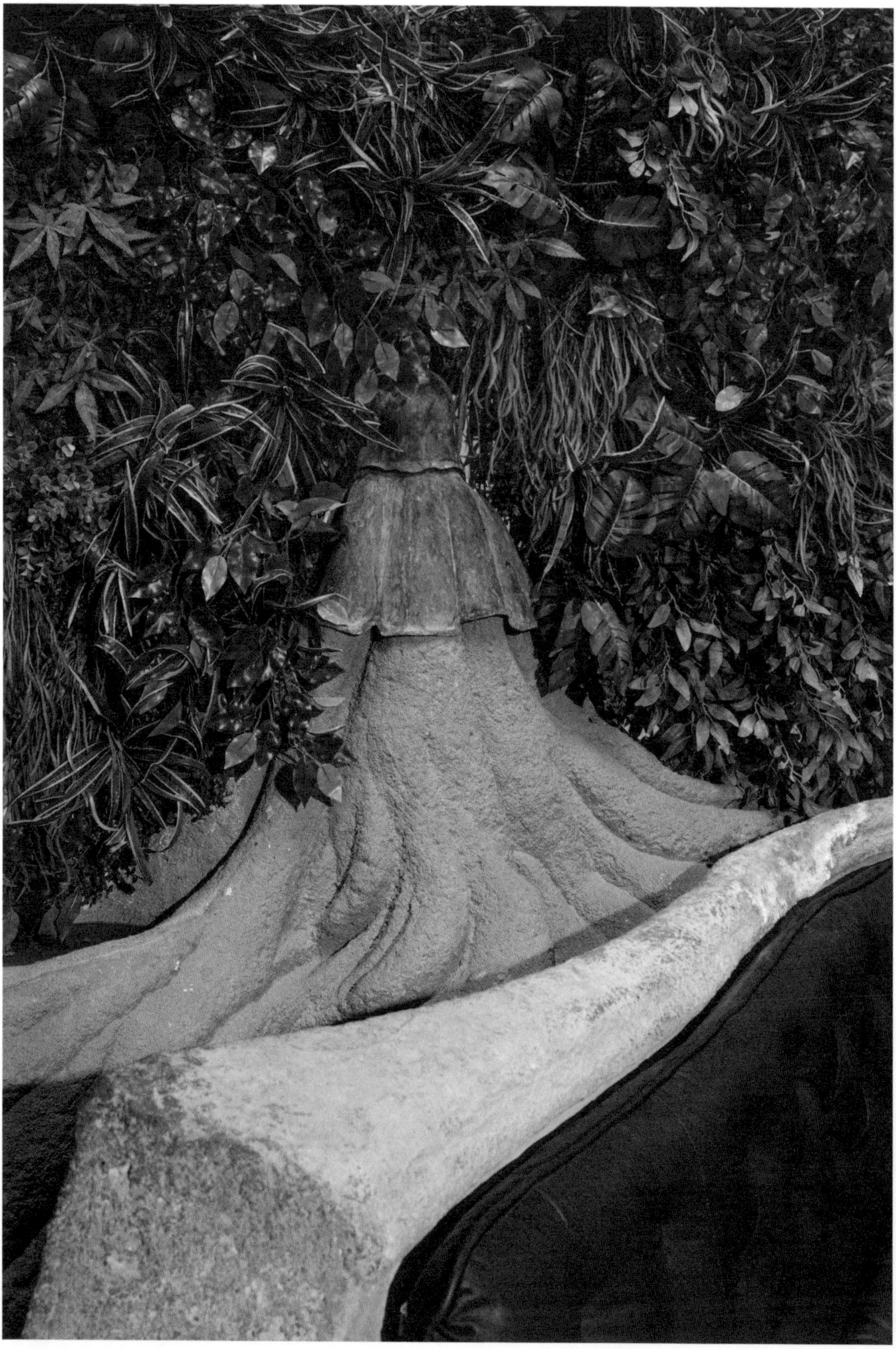

In Resonanz treten.

Nachwort

Wie sich Günther Domenig nähern in einer Form, die nicht nur bereits Gewusstes und Gesehenes reproduziert oder einem anachronistischen Personenkult verfällt, der so vieles unsichtbar macht? Oder anders gefragt: Wie wertschätzen, ohne zu huldigen? Diese Fragen haben unsere Herangehensweise an dieses Buch zentral geprägt. Ausgangspunkt war der Wunsch nach Annäherung. Geworden ist es ein In-Resonanz-Treten, geprägt von permanenter Befragung, prozesshaft und relational, ohne das Ziel eines kohärenten Endpunktes. Dieses In-Resonanz-Treten eröffnet Wahrnehmungsräume für Widerspenstigkeit (Widerständigkeit?), für Leerstellen, für das Unbenutzbare, aber auch für das Schöne.

Alle versammelten Positionen stehen für sich: Anna Baars Schreiben, Gerhard Maurers Fotografieren und Günther Domenigs Bauen. Die intime Fotoserie bildet mehr als 30 dieser Bauwerke ab und legt, verortet im Hier und Jetzt, ungewohnte Perspektiven frei. Der Essay schafft einen neuen Zugang „von außen", ohne Mythen und Anekdoten zu verfallen, ohne zu urteilen. Zusammen formen sie einen neuen Blick auf das (Be-)Stehende. Einen Blick auf Domenig und seine Werke jenseits der dominanten Wahrnehmungsweisen. Jenseits der Normen eines Fotobandes. Jenseits der Auflagen eines Architekturtextes: Das Portrait eines Ist-Zustands, das versucht, über den Ist-Zustand hinauszutreten.

In Resonanz – in resonance – v resonanci ist das erste von zwei Büchern anlässlich der Ausstellung „Günther Domenig: DIMENSIONAL. Von Gebäuden und Gebilden". Ihm folgt ein theoretisch-künstlerischer Band mit verschiedenen Beiträgen sowie im Rahmen der Auseinandersetzung gewonnenen Erkenntnissen, der dazu aufrufen soll, Domenigs Werk weiter- und neuzudenken.

Andreas Krištof, Raffaela Lackner,
Viktoria Pontoni, Ina Sattlegger

Entering into Resonance.
Epilogue

How can we approach Günther Domenig in a way that does not simply reproduce what is already known and show again what was already? How can we avoid falling into the traps of an anachronistic personality cult that makes so much invisible? Or to put it another way: how can we appreciate Domenig without simply worshipping him? These questions have essentially shaped our approach to this book. Our starting point was the desire for a closer understanding. Soon, we found ourselves in the process of entering into resonance, marked by constant questioning, without the goal of finding a coherent end point. This act of entering into resonance opens up spaces of perception for unruliness (resistance?), for gaps, for the unusable, but also for the beautiful.

All of the positions brought together here stand for themselves: Anna Baar's writing, Gerhard Maurer's photography and Günther Domenig's works. The intimate series of photos depicts over 30 of these buildings and, embedded in the here and now, reveals unusual perspectives. The essay opens up a new approach "from the outside," without falling into myths and anecdotes, without passing judgement. Together, they form a new view of what is (still) in existence. A view of Domenig and his works beyond dominant modes of perception. Beyond the norms of a photobook. Beyond the constraints of an architectural text: It is the portrait of a current state that seeks to step beyond.

In Resonanz – in resonance – v resonanci is the first of two books to accompany the exhibition "Günther Domenig: DIMENSIONAL. Structures and Shapes." It is followed by a theoretical-artistic volume that includes a range of contributions and insights gained in the context of the exploration and research, which is intended to inspire new and innovative ways of thinking about Domenig's work.

Andreas Krištof, Raffaela Lackner,
Viktoria Pontoni, Ina Sattlegger

Vzpostaviti resonanco
Sklepna beseda

Kako naj se Güntherju Domenigu približamo na način, ki ne zgolj reproducira, kar je že znano in je bilo že videno, oziroma ne zapade anahronističnemu kultu osebnosti, ki marsikaj naredi nevidno?
Ali če vprašamo drugače: kako naj cenimo, ne da bi častili? Ta vprašanja so najbolj zaznamovala naš pristop k tej knjigi. Izhodišče je bila želja po približevanju, nastala pa je vzpostavitev resonance, zaznamovana z nenehnim spraševanjem, procesnim in relacijskim, ne da bi bil cilj koherentna končna točka. Ta vzpostavitev resonance odpira prostore zaznavanja upornosti (upora?), praznin, neuporabnega, a tudi lepega.

Vse zbrane pozicije stojijo zase: besedilo Anne Baar, fotografije Gerharda Maurerja in zgradbe Güntherja Domeniga. Intimna fotoserija upodablja več kot trideset njegovih zgradb in odpira nenavadne perspektive, vpete v tukaj in zdaj. Esej ustvarja nov pristop »od zunaj«, ne da bi pri tem zapadel mitom in anekdotam ter ne da bi obsojal. Skupaj ustvarita nov pogled na obstoječe zgradbe. Pogled na Domeniga in njegove stvaritve onkraj prevladujočih načinov percepcije. Onkraj norm fotoknjige. Onkraj zahtev besedila o arhitekturi: portret trenutnega stanja, ki poskuša preseči trenutno stanje.

In Resonanz – in resonance – v resonanci je prva izmed dveh knjig, ki spremljata razstavo *Günther Domenig: DIMENZIONALNO. O zgradbah in oblikah*. Sledila ji bo teoretično-umetniška publikacija z različnimi prispevki in spoznanji, pridobljenimi v okviru obravnave, ki naj bi pozvali k nadaljnjim in novim premislekom o Domenigovih stvaritvah.

Andreas Krištof, Raffaela Lackner,
Viktoria Pontoni in Ina Sattlegger

Index
Index
Indeks

18 Römisch-katholisches Kirchenzentrum und Pfarrkirche Oberwart, 1966–1969 Günther Domenig/Eilfried Huth
Roman Catholic Church Centre and Parish Church of Oberwart, 1966–1969 Günther Domenig/Eilfried Huth
Rimskokatoliško cerkveno središče in župnijska cerkev v Oberwartu, 1966–1969 Günther Domenig/Eilfried Huth

19 Dokumentationszentrum Reichsparteitagsgelände Nürnberg, 1998–2001 gemeinsam mit Gerhard Wallner
Documentation Center Nazi Party Rally Grounds in Nuremberg, 1998–2001 together with Gerhard Wallner
Dokumentacijski center na kongresnem prostoru nacionalsocialistične stranke v Nürnbergu, 1998–2001 v sodelovanju z Gerhardom Wallnerjem

20 RESOWI-Zentrum, Karl-Franzens-Universität Graz, 1985–1996 gemeinsam mit Hermann Eisenköck
RESOWI Centre, University of Graz, 1985–1996 together with Hermann Eisenköck
Center RESOWI, Univerza Karla in Franza v Gradcu, 1985–1996 v sodelovanju s Hermannom Eisenköckom

21 Boutique Rikki Reiner, Alter Platz Klagenfurt, 1983
Boutique Rikki Reiner, Alter Platz Klagenfurt, 1983
Butik Rikki Reiner, trg Alter Platz v Celovcu, 1983

22 Schiffswerft Klagenfurt, 1978–1982 gemeinsam mit Volker Giencke
Dockyard Klagenfurt, 1978–1982 together with Volker Giencke
Ladjedelnica Celovec, 1978–1982 v sodelovanju s Volkerjem Gienckejem

23 Schloss Neuhaus, 1991–1992
Castle Neuhaus, 1991–1992
Grad Neuhaus, 1991–1992

24 Mehrzweckhalle der Schulschwestern, Graz-Eggenberg, 1974–1979 Günther Domenig/Eilfried Huth
Multipurpose Hall at the Schulschwestern, Graz-Eggenberg, 1974–1979 Günther Domenig/Eilfried Huth
Večnamenska dvorana šolskih sester, Gradec-Eggenberg, 1974–1979 Günther Domenig/Eilfried Huth

25 Spar Dietrichsteinplatz, ehemalige Z-Filiale, Graz, 1981–1986
Spar Dietrichsteinplatz, former Z-Bank, Graz, 1981–1986
Spar Dietrichsteinplatz, nekdanja Z-banka, Gradec, 1981-1986

26 Stadttheater Klagenfurt, Zubau, 1995–1998
Municipal Theater Klagenfurt, annex, 1995–1998
Mestno gledališče Celovec, prizidek, 1995–1998

27 Steinhaus, Steindorf am Ossiacher See, 1986–2008 (Bauzeit)
Steinhaus, Steindorf at Lake Ossiach, 1986–2008 (construction time)
Steinhaus, Steindorf ob Osojskem jezeru, 1986–2008 (obdobje gradnje)

28 T-Center St. Marx, Wien, 2002–2004 gemeinsam mit Architektur Consult ZT GmbH
T-Center St. Marx, Vienna, 2002–2004 together with Architektur Consult ZT GmbH
T-Center St. Marx, Dunaj, 2002–2004 v sodelovanju z Architektur Consult ZT GmbH

29 Portal Neumüller, Klagenfurt, 1997
Portal Neumüller, Klagenfurt, 1997
Portal Neumüller, Celovec, 1997

30 Treibacher Industrie AG, Althofen, 2001–2005
Treibacher Industrie AG, Althofen, 2001–2005
Treibacher Industrie AG, Althofen, 2001–2005

31 Technische Universität Graz, Erweiterung (Institute für Architektur und Bauingenieurwesen), 1983–1994
Graz University of Technology, Extension (Institutes of Architecture and Civil Engineering), 1983–1994
Tehniška univerza v Gradcu, razširitev (Inštituta za arhitekturo in gradbeništvo), 1983–1994

32 Zentralsparkasse, Wien, 1976–1979
Zentralsparkasse, Vienna, 1976–1979
Hranilnica Zentralsparkasse, Dunaj, 1976–1979

Karte
Map
Zemljevid

Kärnten

Niederösterreich

Burgenland

Steiermark

Impressum

© 2022 by jovis Verlag GmbH
Das Copyright für die Texte liegt bei
den Autor*innen. Das Copyright für
die Abbildungen liegt beim
Fotografen/Inhaber der Bildrechte.
Alle Rechte vorbehalten.

Umschlagmotiv: Bueronardin

Herausgegeben von: Andreas
Krištof, Raffaela Lackner,
Viktoria Pontoni, Ina Sattlegger

Übersetzung: Victoria Sattlegger
(Englisch), Janko Trupej (Slowenisch)

Redaktion: Ina Sattlegger, section a

Lektorat und Korrektorat:
Eva Guttmann (Deutsch),
Kristina Sluga (Slowenisch),
Susannah Leopold (Englisch)

Gestaltung und Satz: Bueronardin
Lithografie: Mario Rott
Gedruckt in der Europäischen Union

Bibliografische Information der
Deutschen Nationalbibliothek
Die Deutsche Nationalbibliothek
verzeichnet diese Publikation in der
Deutschen Nationalbibliografie;
detaillierte bibliografische Daten
sind im Internet über http://
dnb.d-nb.de abrufbar.

jovis Verlag GmbH
Lützowstraße 33
10785 Berlin
www.jovis.de

jovis-Bücher sind weltweit
im ausgewählten Buchhandel
erhältlich. Informationen zu
unserem internationalen Vertrieb
erhalten Sie von Ihrem Buchhändler
oder unter www.jovis.de.

Die vorliegende Publikation
erscheint anlässlich der Ausstellung
„Günther Domenig: DIMENSIONAL.
Von Gebäuden und Gebilden", 2022.

Ein Projekt des Architektur Haus
Kärnten in Kooperation mit
dem Land Kärnten und dem
Museum Moderner Kunst Kärnten
gemeinsam mit der STEINHAUS
Günther Domenig Privatstiftung
und Heft/Hüttenberg.
Kuratiert von section.a.

Imprint

© 2022 by jovis Verlag GmbH
The copyright for the texts is held
by the authors. The copyright for
the images is held by the
photographer/owner of the image
rights. All rights reserved.

Book Cover: Bueronardin

Edited by: Andreas Krištof,
Raffaela Lackner, Viktoria Pontoni,
Ina Sattlegger

Translation: Victoria Sattlegger
(English), Janko Trupej (Slovenian)

Text Editing: Ina Sattlegger, section.a

Proofreading: Eva Guttmann
(German), Kristina Sluga (Slovenian),
Susannah Leopold (English)

Design and Typesetting: Bueronardin
Lithography: Mario Rott
Printed in the European Union

Bibliographic information of
the German National Library.
The German National Library
lists this publication in the
Deutsche Nationalbibliografie;
detailed bibliographic data
are available on the Internet at
http://dnb.d-nb.de

jovis Verlag GmbH
Lützowstraße 33
10785 Berlin
www.jovis.de

jovis books are available worldwide
in selected bookstores. Please
contact your nearest bookseller or
visit www.jovis.de for information
concerning your local distribution
www.jovis.de.

This publication is published
on the occasion of the exhibition
"Günther Domenig: DIMENSIONAL.
Structures and Shapes", 2022.

A project by Architektur Haus
Kärnten in cooperation with the
State of Carinthia and the Museum
Moderner Kunst Kärnten together
with STEINHAUS Günther Domenig
Privatstiftung and Heft/Hüttenberg.
Curated by section.a.

Kolofon

© 2022 jovis Verlag GmbH
Imetniki avtorskih pravic za besedila
so avtorji/avtorice. Imetnik
avtorskih pravic za upodobitve je
fotograf/lastnik pravic do fotografij.
Vse pravice pridržane.

Naslovnica knjige: Bueronardin

Izdali so: Andreas Krištof,
Raffaela Lackner, Viktoria Pontoni
in Ina Sattlegger

Prevod: Victoria Sattlegger
(angleščina), Janko Trupej (slovenščina)

Redakcija: Ina Sattlegger, section.a

Lektura/korektura: Eva Guttmann
(nemščina), Kristina Sluga
(slovenščina), Susannah Leopold
(angleščina)

Oblikovanje in prelom: Bueronardin
Litografija: Mario Rott
Tiskano v Evropski uniji

Bibliografski podatki iz Nemške
nacionalne knjižnice. Nemška
nacionalna knjižnica ima to
publikacijo zavedeno v Nemški
nacionalni bibliografiji; podrobni
bibliografski podatki so na
voljo na spletnem naslovu
http://dnb.d-nb.de.

jovis Verlag GmbH
Lützowstrasse 33
10785 Berlin
www.jovis.de

Knjige založbe jovis so naprodaj
v izbranih knjigarnah po vsem svetu.
Informacije o naši mednarodni
distribuciji lahko dobite v svoji
knjigarni ali na spletnem naslovu
www.jovis.de.

Publikacija je izšla ob razstavi
»Günther Domenig:
DIMENZIONALNO. O zgradbah
in oblikah« (2022).

Projekt Hiše arhitekture Koroške
(AHK) v sodelovanju z zvezno deželo
Koroško in Muzejem moderne
umetnosti Koroške (MMKK) skupaj s
fundacijo Domenig Steinhaus
Privatstiftung in ustanovo Heft/
Hüttenberg. Kuratorstvo: section.a.

ISBN 978-3-86859-758-5